南昌大学法学文库

本书系国家社科基金项目“经济法法理学基本问题研究”（18BFX145）的研究成果

部门法理学视阈中经济法责任理论研究

张继恒 著

法律出版社
LAW PRESS · CHINA
北京

图书在版编目(CIP)数据

部门法理学视阈中经济法责任理论研究 / 张继恒著
. -- 北京 : 法律出版社, 2024
(南昌大学法学文库)
ISBN 978-7-5197-7906-1

Ⅰ. ①部… Ⅱ. ①张… Ⅲ. ①经济法-研究-中国
Ⅳ. ①D922.290.4

中国国家版本馆 CIP 数据核字(2023)第 076077 号

部门法理学视阈中经济法责任理论研究
BUMEN FALIXUE SHIYU ZHONG JINGJIFA ZEREN LILUN YANJIU

张继恒 著

策划编辑 徐 菲
责任编辑 徐 菲
装帧设计 鲍龙卉

出版发行 法律出版社
编辑统筹 法律出版社
责任校对 张翼羽
责任印制 胡晓雅
经　　销 新华书店

开本 710 毫米×1000 毫米 1/16
印张 11.75 **字数** 139 千
版本 2024 年 1 月第 1 版
印次 2024 年 1 月第 1 次印刷
印刷 北京虎彩文化传播有限公司

地址:北京市丰台区莲花池西里 7 号(100073)
网址:www.lawpress.com.cn
投稿邮箱:info@lawpress.com.cn
举报盗版邮箱:jbwq@lawpress.com.cn
销售电话:010-83938349
客服电话:010-83938350
咨询电话:010-63939796

书号:ISBN 978-7-5197-7906-1
定价:68.00 元
凡购买本社图书,如有印装错误,我社负责退换。电话:010-83938349

总　序

改革开放以来,随着我国法学教育和法学研究的迅速发展,我国法学理论研究一路高歌猛进,各种法学著述汗牛充栋、琳琅满目。出版各种系列丛书,已成为各大法律院校展示科研成果和研究实力的一种方式。“南昌大学法学文库”的出版也有这种目的。

南昌大学法学教育肇始于中华人民共和国成立前的国立中正大学法律系。抗日战争爆发时,国民政府深感经纬万端,亟待忠贞弘毅之士,推行博厚笃实之教育理念,于 1940 年在江西泰和杏岭建立国立中正大学,享誉海内外的植物学家和教育家胡先骕先生为首任校长。该校创立之初,即设文法学院、工学院、农学院,1947 年文法学院分为文学院和法学院,1948 年增设法律系。彼时,适值蔡枢衡先生回家乡永修探亲,被赣鄱父老、学术达士极力挽留,终留南昌,主持中正大学法律系,任教授,兼任系主任。1949 年南昌解放时,国立中正大学停办(我国台湾地区于 1989 年在嘉义恢复中正大学)。1980 年江西大学设立法律系,法学之薪火得以在豫章故郡续燃。江西大学法律系在成立之初便云集了一大批优秀的教师,例如,刘焕文、胡正谒、丁文华、刘仕才、谢庆演、胡继群、卓凡等。许多现今知名的学者和专家也曾于 20 世纪 80 年代在江西大学法律系工作过,例如,著名民法学家徐国栋教授、北京大学党委书记邱水平教授、原清华大学副校长谢维和教授。1993 年江西大学与江西工业大学合并组建南昌大学，江西大学法律系亦改称为南昌大学法律系。经过老一辈法学家蔡枢衡、刘焕文、胡正谒等先贤筚路蓝缕、披荆斩棘和几代南昌大学法律人的奋斗，尤其是江西大学法律系成立以来的近40年，南昌大学法学院广聚人才、苦练内功，形成了梯队合理、结构优化的科研教学团队，取得了长足进步，学科优势地位日渐凸显。

“南昌大学法学文库”正是在上述背景下应运而生。文库设立初衷在于展示本校法学最新研究成果，弘扬严谨笃学、厚实勤勉的学术传统。入选文库的论著，既包括毕业于本院社会治理与法治系统工程专业的博士论文，也包括新进教师的博士论文及学院其他教师的新近力作。内容涵盖法学领域各个二级学科、法学与其他学科的交叉学科。期待经过若干年的连续出版，文库在保证质量的基础上，形成规模效应，为法学理论研究的持续繁荣锦上添花。

“南昌大学法学文库”由南昌大学法学院的教授组成编委会，甄别论著质量，筛选具有出版价值的优秀论著，法学院具体负责出版事宜。通过严格审查把关，力争出版一系列具有学术见地、学术创新的高水平著作。同时对后学者施以激励，延续本学科优良的学术传统。

本文库的出版，有赖于法律出版社的积极筹划与倾力帮助。长期以来，法律出版社对南昌大学法学学科给予了大力支持，今日文库出版，亦为双方勠力同心、协同发展合作关系的见证。借此机会，向法律出版社表示由衷的谢忱！

“庙廊之才，非一木之枝”，我们希望各位学界同人批评指正，共同扶持青年后学。

杨　峰

2017年12月31日于南昌大学前湖校区

2021年12月31日修订于南昌大学前湖校区

前　言

部门法理学之勃兴为经济法责任理论的创新研究提供了思想基础,对经济法责任进行类型化分析和典型化研究是今后经济法责任理论研究的主要任务。回顾以往的研究成果可以看出,经济法学界关于经济法责任问题的讨论大都囿于责任独特性之争而陷入了与经济法独立地位命题相关联的一系列捆绑式论证之中,对经济法责任理论进行部门法理学层面的类型化和典型化研究,已是大势所趋。从经济法的理论研究和法治实践看,经济法责任的具体形式呈现日益增多的趋势,各种特定经济法责任的具体适用也得到了持续的强化。因此,从部门法理学的角度对各种经济法责任形式所蕴含的法理要素进行深度解析,对这些具体经济法责任形式的法律适用问题在哲学或法哲学语境下加以探讨,同时在此基础上开展有关经济法责任追究问题的研究,在当下中国应属当务之急。笔者的基本观点是,今后的经济法责任理论研究需要从部门法理学的基本立场出发,探索经济法责任理论及制度建构的哲学或法哲学基础,着力从各种特定经济法责任形式的法理探究、法律适用以及经济法责任的有效追究等方面展开经济法责任的法理化或学理化研究,从而不断推动经济法责任理论体系的开拓和创新。全书除了“结论与展望”以外,分为五章。

第一章是导论。本章首先通过对部门法理学思潮兴起与经济法责任理论创新研究之间的内在关系的分析指出,今后的经济法责任理论研究应当着力从以下几个方面予以重点强化和推进:第一,要重点探索经济法责任的基础性部门法理学问题;第二,要深入讨论各种具体经济法责任形式的法理及其适用问题;第三,要致力于分析如何在程序法层面为经济法责任的追究提供相应的体制与机制的问题。然后对选题依据、研究内容与总体框架以及拟解决的主要问题、基本思路和研究方法等进行了分析、归纳和总结。

第二章是经济法责任理论研究中的基础性部门法理学问题。传统法理学上的部门法观念和理论决定着经济法责任理论的本质属性,从而决定着经济法责任的体系结构、制度构成以及对各种具体经济法责任形式的阐释和适用,这其中也包括经济法责任的追究问题。本章立足部门法理学之基本精理,对经济法责任理论研究的逻辑前提、基本路径和具体模式等问题进行了哲学或法哲学意义上的分析,指出新时代经济法责任理论的创新研究应当实现从"责任—地位"到"地位—责任"的思维转变,坚持以"主体—责任"范式为基本路径,在"国家干预主体责任—国家干预受体责任"二元结构框架内开展经济法责任的类型化分析和典型化研究。

第三章是国家干预主体责任的法理及其经济法适用。本章以政府经济失误赔偿和问责制两种责任形式为例对国家干预主体责任之法理与适用问题的讨论表明,经济法中的相关国家干预主体责任均有其存在的特定哲学或法哲学基础,应当深入挖掘相关国家干预主体责任形式所蕴含的基础法理要素,并在此基础上强化责任形式在经济法实践中的具体适用。具体来说,政府经济失误赔偿责任是国家自己的责任而非国家的代位责任,其适用应采用违法责任原则而非无过错责任原则。政府经济失误赔偿责任的产生和存在可以从人民主权理论、公共负担平等理论、分配正义理论等诸多理论学说中寻找到充足的法理资源，经济法实践中应当着力从建立损害补偿基金、建立经济行政公益诉讼制度、引入“法庭之友”制度三个方面入手来强化和完善政府经济失误赔偿责任的经济法适用。问责制要求国家干预主体应当就其经济干预活动以及如何履行各种经济干预职权及义务进行披露、解释和正当性证明，若有违背则必将对其进行法律惩罚。立足于社会契约理论可以探寻和发现问责制所蕴含的法理内涵与要素，强化“问责制”之经济法适用的现实路径包括：一是明确“问责制”之经济法适用的具体情形；二是拓展“问责制”之经济法适用的具体方式；三是健全问责制之经济法适用的相关配套制度和保障措施。

第四章是国家干预受体责任的法理及其经济法适用。相比于国家干预主体责任形式，国家干预受体责任的具体形式在经济法的理论和实践中较为多见，本章选取超额赔偿和产品召回两种代表性责任进行法理化研究，彰显了经济法中国家干预受体责任的特殊性。具体来说，超额赔偿在一定程度上具有威慑和遏制违法行为的作用和功能，但其在本质上应当主要是为了激励受害者提起诉讼，实现利用私人力量维护和保障社会公共利益的法律责任制度。超额赔偿责任是一种具有激励性报偿和社会性损害填补功能的经济法责任形式，这是超额赔偿责任之经济法适用所应遵循的基本法理，超额赔偿责任在经济法领域的具体适用应当重点关注三个问题：一是超额赔偿责任的适用原则；二是超额赔偿责任的适用方法；三是超额赔偿与行政罚款、刑事罚金的协调问题。作为一种法律责任制度的产品召回，超额赔偿责任既要求责任承担主体主动采取相应措施以防止损害的实际发生或扩大，又要求政府经济管理机关积极参与或采取强制措施，从而体现经济法之公私交融的特点。从部门法理学的角度分析，经济法中的产品召回责任可以被视为一种典型的预防性法律责任，产品召回责任之经济法适用可以考虑从扩大产品召回责任的适用范围、明确产品召回责任的适用标准、明确产品召回责任适用的具体程序和健全产品召回责任适用的行政保障机制四个方面入手予以强化。

第五章是部门法理学视阈中的程序机制变革与经济法责任的追究。经济法责任理论的创新研究必须立足经济法的程序理论来探讨经济法责任的追究和实现问题，依据经济法之一般法理、特殊法理并结合经济法实施及经济法发展的特点，可以发现经济法程序机制所具有的特殊性。经济法责任的追究可以通过建立和完善经济法上的非诉程序机制和诉讼程序机制来加以实现。非诉程序机制方面应当重点建立和完善政府经济管理部门的经济执法机制和社会中间层组织的社团处罚机制，诉讼程序机制方面需要建立和完善经济法上的公益诉讼和特别诉讼，同时构建相应的经济法审判机构。经济法上的非诉程序机制和诉讼程序机制的双重建构，不仅有利于在实践中进一步强化经济法责任的有效追究，而且对于助推实现经济法及经济法责任的可诉性，同样至关重要。

目 录

第一章 导 论

第一节 部门法理学之勃兴与经济法责任理论的创新研究

一、部门法法理化研究的勃兴

一直以来,国内法学研究中的法理学与部门法学之间存在较为严重的理论脱节现象。这主要表现在,法理学不能全面发挥对部门法学应有的指导作用,而部门法学也没有给法理学提供较为丰富的理论素材。为了结束法理学与部门法学之间的“冷战”状态,建立法学研究集体的共同学术话语和学术问题,一种旨在倡导部门法学研究之学理化、法理化或哲理化的研究取向日益走向了中国法学研究的前台,并成了中国法学迈向科学与成熟的重要标志之一。[1] 尤其是近几年,法理研究包括各个部

---

〔1〕 据考证,部门法学的学理化或哲理化命题最早由我国法理学者谢晖教授明确提出,但在推进部门法理学或部门法哲学的研究方面,当属张文显教授及其所在的吉林大学理论法学研究中心建树最大。目前,法理学者与部门法学者已通过各种学术载体阐发了自己对部门法理学或部门法哲学问题的看法和见解,由此形成的一些研究成果也颇具参考价值。其中,法理学者倾向于在反思自身理论的同时强调部门法哲学的可行性、必要性和实践性,而部门法学者则侧重于在明确部门法哲学基本问题的前提下建构具体的部门法哲学理论。前者的有关文献如谢晖:《部门法法

门法的法理研究获得了空前的发展。[1]围绕公法中的法理、私法中的法理、经济法中的法理、立法中的法理等一系列命题而展开的学术研讨,都为部门法学者进行部门法基本范畴的法理分析、发掘部门法具体制度中的法理等奠定了基础。目前,部门法法理化研究或部门法理学研究已成为中文法学领域的一个前沿领域,它的提出是当代中国法学的一个理论创新。

作为一种法学思潮,[2]部门法法理化研究的勃兴在我国可追溯至

哲学的长成逻辑——兼论"部门法学"的学理化问题》,载《文史哲》2002 年第 1 期;张文显:《部门法哲学引论——属性和方法》,载《吉林大学社会科学学报》2006 年第 5 期;孙育玮:《关于我国"部门法哲学"研究的几个问题》,载《政治与法律》2007 年第 6 期;刘作翔:《法理学的定位——关于法理学学科性质、特点、功能、名称等的思考》,载《环球法律评论》2008 年第 4 期;宋显忠:《什么是部门法哲学?》,载《法制与社会发展》2009 年第 4 期;胡平仁:《从法哲学的范围与品格看部门法哲学研究》,载《法制与社会发展》2010 年第 3 期;杜宴林、苗炎:《驯化法律:部门法哲学的基本使命》,载《法学评论》2011 年第 6 期;等等。后者的有关文献如陈兴良:《部门法理学之提倡》,载《法律科学》2003 年第 5 期;周永坤:《"部门法哲学"还是"部门法理学"?》,载《法律科学》2008 年第 1 期;邱本:《再论部门法哲学》,载《法制与社会发展》2010 年第 3 期;陈步雷:《社会法的部门法哲学反思》,载《法制与社会发展》2012 年第 4 期;何志鹏:《国际法的哲学之维:内涵、功能与路径》,载《法学家》2010 年第 6 期;徐崇利:《构建国际法之"法理学"——国际法学与国际关系理论之学科交叉》,载《比较法研究》2009 年第 4 期;等等。

[1] 相关探讨可参见张文显:《法理:法理学的中心主题和法学的共同关注》,载《清华法学》2017 年第 4 期。

[2] 在国际学术界,应用法哲学或部门法哲学的研究已成普遍趋势,国内学者对于部门法理学或部门法哲学的关注和研讨或缘于此。Applied Legal Philosophy, means to"adopt a theoretical approach to the study of particular areas or aspects of law, or deal with general theories of law in a way which is directed at issues of practical, moral and political concern in specific legal contexts. The general approach is both analytical and critical and relates to the socio-political background of law reform issues". As of December 2009, the Ashgate (Dartmouth) has published 57 books under the series title "Applied Legal Philosophy", covering almost all the fields of law. 对此,张文显教授曾在为美国哲学家、法学家迈克尔·D. 贝勒斯的部门法哲学专著《法律的原则——一个规范的分析》中文版出版而作的评介中明确指出:"在当代西方法学研究中,法哲学(法理学)研究逐步扩大和深入至具体法律领域,出现了一批从法哲学(法理学)的层面、用法哲学的方法探讨部门法中的一般原则和原理的论著。这些论著提供了对部门法的伦理基础、价值基础、社会基础及其发展规律的哲学反思,构成把法哲学与民法、刑法、宪法、程序法等部门法学连接起来的中间学科。"参见[美]迈克尔·D. 贝勒斯:《法律的原则——一个规范的分析》,张文显译,中国大百科全书出版社 1996 年版,"封底"。

20世纪90年代。从最初的研究动机和目的上看，这一浪潮的涌现来自法理学论者对其学科之定位、作用、目的、使命等问题的重新思考和诠释。在法理学研究中，现有知识体系的主要问题在于其既不能为部门法学的制度设计提供相应的理论基础和价值标准，也无法为具体的司法实践提供必要的方法论指导。部门法学不能从法理学中获取一般意义上的基本概念和基础性的范式框架，法理学也没有对部门法学的基本原理、原则等加以系统地提炼、归纳和总结，法理学对部门法学应有的指导力和解释力出现了逐步弱化的趋势。

就部门法学研究而言，从法理学中汲取必要的营养固然是可取的，但对法理学存有过分的"实用化期待"显然已经不合时宜。这是因为，法理学尽管有其独特的实用性，但并不是说它是可以"包医百病"的法学学理，其对形形色色的法律需求、法律案件的诊断和解释能力是有限的。[1] 如此看来，部门法学要在理论逻辑上实现与法理学的通达自洽，不能仅仅被动依赖于法理学的知识供给，更为关键的是要建构一套能够传承传统法理学之合理内核并能体现各部门法学之独特品性的部门法理学或部门法哲学。[2] 从这个意义上来说，部门法法理化研究的

---

〔1〕 参见谢晖：《法理学的能与不能》，载《法学》2010年第12期。

〔2〕 对于部门法的哲理化研究趋向究竟应当称为"部门法理学"还是"部门法哲学"，学界争议较大，迄今为止仍未达成共识，与此同时，这一分歧自然还反映在学术界对"法理学"和"法哲学"之名称的析辨上，相关论文如严存生：《法理学、法哲学关系辨析》，载《法律科学》2000年第5期；舒国滢：《走出概念的泥淖——"法理学"与"法哲学"之辨》，载《学术界》2001年第1期；周永坤：《"部门法哲学"还是"部门法理学"?》，载《法律科学》2008年第1期；尤俊意：《论法理学和法哲学的关系——广狭义法理学论》，载《政治与法律》2008年第7期；蔡宏伟：《试论当代中国的"部门法哲学"概念》，载《法制与社会发展》2010年第3期；顾瑞：《范式转换中的法理学与法哲学之关系》，载《辽宁师范大学学报(社会科学版)》2013年第1期；等等。对此，本书倾向于赞同"法理学是法哲学之同义词"的语义界定。相关解释可参见《不列颠百科全书》(第13卷)，中国大百科全书出版社1973年版，第150页；《不列颠百科全书》(第10卷)，中国大百科全书出版社1977年版，第714页；[英]戴维·沃克主编：《牛津法律指南》(英文版)，牛津克拉伦登出版社1980年版，第746页或《牛

兴起代表了相当一部分研究者已开始重新思考和定位法理学与部门法学之间的关系，进而引发了中国法学界在反思传统法理学之目的、功能和使命的基础上对现代部门法学之基本理论的解构、反思和批判。

简单地讲，部门法法理化研究就是一种关于部门法的法理学研究，即部门法理学研究。因此，什么是部门法理学，部门法理学的研究对象和基本使命是什么，部门法理学的学科属性及其与相关概念间的关系应如何界定等问题均是部门法法理化研究兴起以来被学界广泛讨论的话题，由此达成的若干共识也为部门法法理化研究之合法性与正当性的论证提供了一定的理论资源。对此，笔者倾向于认同澳大利亚法哲学家坎贝尔在其任总主编的应用法哲学丛书的序言中所作的阐述，即应用法哲学"是这样一种哲学：它们采用理论方法去研究法律的特殊领

津法律大辞典》（中文版），光明日报出版社 1980 年版，第 678 页。除此之外，还基于以下理由：第一，尽管法理学与法哲学在现有的法学知识体系中已被人们接受为两个不同的概念，但要严格区分两者不仅没有必要而且是极为困难的。况且，法理学与法哲学的区分是典型的中国问题，西方社会并无这一讨论，这一点可以从黑格尔、奥斯丁以及美国法学家博登海默等学者对法理学或法哲学相关问题的论述中看出，此外，"法理学""法哲学"的名称本身也存在模糊之意，要作精确区分实为不可能。第二，从更为广义的角度看，法理学应当包括法哲学，法哲学是法理学中更高层次的知识体系。第三，从部门法哲理化研究的成果、人员、问题意识和方法上看，部门法哲理化研究的主流更像是法理学而不是法哲学。具体论证可参见郭道晖：《法理学的定位与使命》，载《上海师范大学学报（哲学社会科学版）》2007 年第 6 期；刘作翔：《法理学的定位——关于法理学学科性质、特点、功能、名称等的思考》，载《环球法律评论》2008 年第 4 期；刘诚、祝爱珍：《"法理学与部门法哲学理论研讨会"综述》，载《法学》2007 年第 11 期。事实上，率先在国内竭力倡导法哲学与部门法哲学研究的张文显教授也主张"法理学与法哲学在语义上是没有太大差别的""法理学与法哲学是两个交互使用并可以相互代替的概念，其内容是一元的，而不是二元的"。（具体论证可参见张文显：《书本的法理学与实践的法理学》，载谢进杰主编：《中山大学法律评论》第 8 卷第 2 辑，法律出版社 2010 年版，第 93 ~ 104 页。）当然，使用"部门法理学"的称谓，并不意味着否定"部门法哲学"称谓的正当性。从语言学角度上来说，"部门法理学"与"部门法哲学"这两个概念可能存在一定区别，但笔者不打算对此作特别论证，而是在同一语义下使用这两个概念，因为关于这两者的精确区分是法学界又一项宏伟的学术工程，有待另文讨论。

域或特殊方面，或者以聚焦法律环境中的道德关怀或政治关怀的方式来处理法的一般理论问题”“在研究方法上具有哲学属性，同时又以法律知识为基础，致力于对现实法律和法律制度的批判和改革”。[1] 依据这一认识，部门法理学的内涵则可以界定为以法（哲）理学的理论资源、研究方法、研究路径和理论关怀与部门法的基本理论与实践问题有机结合的研究范式。在这一前提下，部门法理学命题至少蕴含了两层含义：一是部门法理学不同于一般的部门法理论。部门法基础理论基本上遵循概念法学或注释法学的研究思路，主张通过对现行法律的解构和分析勾勒出一个系统化、理论化的完美的概念体系；而部门法理学则倾向于“为部门法奠定基础、厘定概念、构建思维方式、提供终极的解释理由、促使部门法制度创新、使部门法贯通起来”，[2] 进而重构形成法（哲）理学意义上的理论体系。二是部门法理学体现为一种研究方法和研究领域。简单来说，部门法理学就是部门法的法（哲）理学，它意味着哲学语境中的部门法、法（哲）理学体系中的部门法、部门法的法理化发展以及经济学、社会学、政治学等其他社会科学领域的跨学科研究。换言之，可以将部门法理学理解为一种主要以法（哲）理学的理论资源、研究方法、研究路向和理论关怀与部门法的理论和实践问题有机结合的研究范式；[3] 它要求部门法学不仅要关注具体的法律规则、条文等，而且应更加注重探寻这些规则或条文得以制定和实施的法理支点。

综上可见，作为一个整体，部门法理学体现的是一种法哲学的研究进路。如果法律信条论（法律教义学）一直在现行体制内论证，且法律

---

[1] See T. D. Campell, *Applied Legal Philosophy*, Ashgate Publishing Company, 2002, preface.

[2] 参见邱本：《再论部门法哲学》，载《法制与社会发展》2010 年第 3 期。

[3] 这是依据张文显教授的观点对部门法理学之实质内涵所作的界定。具体论证可参见张文显：《部门法哲学引论——属性和方法》，载《吉林大学社会科学学报》2006 年第 5 期。

社会学(或者“社科法学”)是关于法律与法律生活合法性的科学,则法律哲学是有关应然法、正当法、公正法的研究,它并不局限于现行法范围内,而是对现行法采取超越体制的立场。[1] 部门法理学的立场与其说是方法论的,毋宁说是本体论的。如果做一个简单的理解,我们可以说,部门法理学是通过反思和批判科学取向的部门法研究进路——以分析实证的法教义学和强调根据事实说话的跨学科范式为代表,而借用哲学诠释学的理论[2]来解释和说明具体法律现象的一种法哲学努力;它意味着以基础性法哲学原理的形式对存在的部门法、哲学诠释学视野中的部门法以及诠释部门法之法哲学方法与规则的思考。从哲学诠释学角度出发的部门法理学,大体上遵从这样一个前提,即法律在本质上同时是权威与理想的。“它既承载着人类所认知到的事物的法的规定性,也表达着主体的法的需求。”[3] 更为重要的是,那些先于人类认知而存在的主观先见——主体的法的需求成了我们理解客观法律现象——事物的法的规定性的条件。[4] 用阿列克西的话讲,法是什么取决于被认为正确的是什么;法应当是什么的问题进入了法是什么的问题之中。[5] 进一步说,部门法理学暗含着非实证主义,当它强调“前见”在认知具体法律现象过程中的合法性时,它也对其他理论,如分析理论、经验理论等予以充分的包容,“它甚至直截了当地指明了这些理

---

〔1〕 参见[德]阿图尔·考夫曼:《法律哲学》(第2版),刘幸义等译,法律出版社2011年版,第7~8页。

〔2〕 对法学研究、特别是法哲学研究之诠释学转向的全面阐述,可参见谢晖:《法律的意义追问:诠释学视野中的法哲学》,法律出版社2016年版,第1~24页。

〔3〕 谢晖:《法律的意义追问:诠释学视野中的法哲学》,法律出版社2016年版,第25页。

〔4〕 参见[德]伽达默尔:《真理与方法》,洪汉鼎译,上海译文出版社1999年版,第355页。

〔5〕 参见[德]罗伯特·阿列克西:《法:作为理性的制度化》,雷磊译,中国法制出版社2012年版,第263页。

论的必要性”[1]。因此,部门法理学反对轻视自然法或法哲学传统的倾向,主张在部门法中建构基于哲学诠释学视角的法教义学和社科法学,即提供一种不同于实证主义意义上的“科学的”范式和方法。

二、基础性法理的回归与经济法的时代转型

随着应用法哲学和部门法(哲)理学的发展,经济法可以从哲学或法哲学的层面、用哲学或法哲学的方法来研究,其关注的问题也从简单的个案法理探究问题扩展到了各个方面,公权与私权、政府与市场等问题均可纳入其中。如今,部门法法理学视阈下的经济法研究已然涵盖了这些内容,它以经济法中存在的基础问题为研究对象,以哲学或法哲学的理论和方法为研究手段,试图解决的也并非只是经济法个案中的法理探究问题,而是希望通过哲学或法哲学特别是哲学诠释学的方式重新审视和思考各种经济法问题,从而最终建立起一种关于经济法之法理的系统化的理论。

我国经济法学的研究仍存在不少缺陷和弱点,近年来备受学界关注的西方范式与本土话语之间的冲突以及由此提出的“我们需要什么样的经济法研究”的问题,就表明它遇到了新的困境乃至危机。这种危机,一方面是来自外在的危机。这主要表现为,法学界对经济法尤其是经济法的理论仍存有偏见,认为经济法学研究对整个哲学社会科学领域的前沿课题缺乏追踪,在建构新的法学理论和观念方面无所作为,对中国法学学术的“知识增量”缺少贡献。面对这种情势,经济法学应当如何在一个更高深的层面找寻经济法发展的新的增长点,从而提升经济法的“外部形象”,是中国经济法学界不可回避的问题之一。[2] 另一

[1] [德]阿图尔·考夫曼、[德]温弗里德·哈斯默尔:《当代法哲学和法律理论导论》,郑永流译,法律出版社2002年版,第145页。

[2] 参见甘强:《经济法作为部门法地位确立之后的几点思考》,载李昌麒、岳彩申主编:《经济法论坛》第10卷,群众出版社2013年版,第42页。

方面,危机还来自经济法学界自身。回顾20世纪末至21世纪初,经济法学界思想比较活跃,国家协调论、国家干预论、国家调节论等主流经济法学说均形成于这一时期。相应地,围绕这些学说而展开的各种质疑、争鸣、突破等不绝于耳,[1]经济法理论研究得到显著发展。而今日之中国经济法学研究从总体上看是侧重于政策和技术目的的,它以现实生活中的具体经济法制度或现象为蓝本,直接进入竞争法、财税法、金融法等经济法的子部门法领域进行理论归纳尝试。从结果看,研究者虽然也提出了一些新的观点和论断,却往往是“独立宣言”,没有形成真正的思想交锋;经济法的知识体系呈现总论不能指导分论、分论试图脱离总论甚或改造总论的局面。领域法学观念的提出即是一个典型例证。[2]

作为总体危机的集中表现,现代经济法学是一种科学取向的规范法学和社科法学。由于哲理化的经济法法律关系理论的缺失,这种规范性或经验主义是不彻底的,又由于系统化的经济法之法理的缺失,这种科学范式的实证基础缺乏哲学或法哲学理论的支持,而使自身变为蕴含种种逻辑的、经验的、价值的学术游戏。法律的整体性解释原则的回归,是中国经济法学应对危机并进而走向重建的希望。当前,经济法学正在回应这个使自身趋于成熟的内在要求。在分享知识资源上的一个直接行动是鼓励非实证主义的经济法研究,尤其是深入论证部门法理学理论与经济法学之间具有的内相关性,并在这一过程中全面展示法的现实维度与理想维度在经济法体系的不同层面是如何相结合的。

---

[1] 相关文献如许明月:《市场、政府与经济法——对经济法几个流行观点的质疑与反思》,载《中国法学》2004年第6期;李曙光:《经济法词义解释与理论研究的重心》,载《政法论坛》2005年第6期;秦国荣:《维权与控权:经济法的本质及功能定位——对“需要干预说”的理论评析》,载《中国法学》2006年第2期;单飞跃:《公共经济法:经济法的本质解释——兼与李曙光〈经济法词义解释与理论研究的重心〉一文商榷》,载《政法论坛》2006年第3期。

[2] 参见刘剑文等:《财税法总论》,北京大学出版社2016年版,第66~69页。

部门法法理化研究的勃兴意味着基础性法理的回归,基础性法理的回归要求我们首先应当认真对待和消化经济法理论研究中已经形成的若干法学常识,密切关注部门法划分理论、调整对象理论、调整方法理论发展所经历的诸多突破性变革与其他经济法理论或问题的关联。在我国,经济法学家漆多俊先生最早明确提出了"经济法理论研究需要以法理学基本原理作指导"[1]的观点。正如上文所述,法理研究包括各个部门法的法理研究在近些年来获得了显著发展。就经济法学而言,经济法制和法治经济的核心法理、经济法基本范畴的法理分析、经济法产生论的法理、经济法本质论的法理、经济法制度中的法理、经济法的法理体系等一系列有关经济法之法理的研究大踏步地前进,并在宏大的系统中展开自己。这些研究确立了一种以基础性的、常识性的一般法理为分析中心的理论学说,即不是从单向的规范法学抑或极端化的社科法学的角度去研究经济法现象或问题本身,而是从部门法(哲)理学的整体立场出发,考察经济法如何在既定的法理基础知识之辐射范围内作出理论取舍并进而决定制度的发展和演变。[2] 这些新探讨促使经济法学以基础性法理为根基重建其学科理论体系,并由此重估经济法的责任理论体系,最终实现经济法责任制度在经济法治实践中的有效运行。

长期以来,经济法学界偏向于通过批判传统理论来证成经济法的存在和发展。一个很常见的例子是,对于经济法之法域归属的讨论就有人提出了社会法法域或第三法域的观点,以标示经济法区别于传统

---

〔1〕 漆多俊:《经济法学研究中的几个法理学问题》,载《政法论坛》1993 年第 3 期。

〔2〕 相关文献如张守文:《经济法中的法理及其类型化》,载《法制与社会发展》2020 年第 3 期;张继恒:《面向法理的经济法法理学及其展开》,载《法学评论》2020 年第 6 期;张继恒:《走向"经济法法理学":经济法研究进路反思》,载《法制与社会发展》2018 年第 2 期;刘红臻:《经济法哲学:经济法的"法理"表达》,载《中国法律评论》2018 年第 3 期;等等。

的公法法域和私法法域。从目前的情况看,社会法法域或第三法域概念之提出的确有一定意义和价值,但作为一个整体的社会法理论仍不够成熟,许多经济法学者都对其持质疑态度。[1] 笔者认为,以批判的证成思路来认识和理解经济法固然有一定可取之处,但经批判而提出的新理论应当有充分说服力,至少要比被批判的理论更能解释现实问题,也要更容易为人们所接受,这是其一。其二,理论的批判不应偏离基础性法理。“新型理论作为‘形成中的理论’,是既有理论进一步发展的结果,因而要以既有理论为基础。”[2]这些均是论者们在经济法学研究中应当坚守的法学常识。如果认识到这一点,就不难理解为什么经济法的调整对象会与其他传统部门法发生交叉或重合,就不难理解为什么经济法的法律责任也可能是传统法律责任形式的综合适用。因此,新时代经济法基础理论的创新研究应当树立常识主义经济法观,[3]即在基础性法理的现有属性的辐射范围内展开对种种经济法理论或问题的深入思考,从而在根本上揭示经济法理论、经济法制度与基础性法理的内在关联。

立足基础性法理,新时代经济法基础理论的创新研究在总体上应当重点关注以下几个方面的问题:第一,政府与市场关系的法理分析。[4] 时至今日,关于政府与市场关系在经济法层面如何有效落实的法理研究几近空白,这给深化经济法其他理论命题的研究造成了诸多障碍。经济法理论及制度领域中的很多问题都涉及政府与市场的关系

---

〔1〕 相关探讨可参见李昌麒、单飞跃、甘强:《经济法与社会法关系考辨——兼与董保华先生商榷》,载《现代法学》2003 年第 5 期。

〔2〕 张守文:《中国经济法理论的新发展》,载《政治与法律》2016 年第 12 期。

〔3〕 相关探讨可参见焦海涛:《论常识主义经济法观——以若干重要的经济法基础理论问题为分析对象》,载漆多俊主编:《经济法论丛》第 27 卷,法律出版社 2014 年版,第 1 ~ 27 页。

〔4〕 相关的一些研究如张守文:《政府与市场关系的法律调整》,载《中国法学》2014 年第 5 期;侯利阳:《市场与政府关系的法学解构》,载《中国法学》2019 年第 1 期。

问题,如市场调节与政府干预理论、公平竞争审查制度、量能课税制度等。因此,系统性分析政府与市场在经济法层面的具体法理并进而理解政府干预与市场调节在经济法之各个部门法内部的具体体现,对于完善包括经济法责任理论或制度在内的经济法学科理论体系至关重要。第二,经济法产生论的法理。关于经济法产生问题的争论由来已久,把经济法的出现理解为是资本主义进入垄断阶段以后的产物的观点成为经济法学界的共识。今后研究要在这一共识的基础上,结合法理学的一般知识,从哲学或法哲学的高度和深度深入挖掘经济法产生背后的政治基础、经济基础和社会基础,从而进一步为提升经济法的知识权威提供知识资源。第三,经济法地位论的法理。经济法地位问题与经济法调整对象、经济法调整方法等问题密切关联,同时也与部门法理论关系密切。按照传统部门法理论,经济法在整个法律体系中当然具有独立的地位,是一个独立的法律部门。在经济法之独立地位已获国家立法机关认可的当下中国,学者们更多地要从基础法理知识的层面论证经济法的部门法地位,揭示经济法与民法、行政法等相关部门法之间的联系与区别。第四,经济法基本范畴的法理解析。经济法的主体、行为、权力、权利、义务、责任等均是经济法的基本范畴,这些基本范畴贯穿经济法理论、经济法制度之始终,对于形成具有逻辑连贯性和价值统一性的经济法学科体系具有重要意义。[1] 在对政府与市场关系的法理、经济法产生论的法理、经济法地位论的法理有了一定认识的基础上,有必要对经济法的相关基本范畴从基础性法理的角度作进一步的讨论。第五,经济法司法化的法理解析。随着《经济法通则》立法工

---

〔1〕 有关文献如单飞跃:《经济法理念与范畴的解析》,中国检察出版社 2002 年版;薛克鹏:《经济法基本范畴研究》,北京大学出版社 2013 年版;蒋悟真:《经济法基本范畴的提炼:误区、标准及路径》,载李昌麒、岳彩申主编:《经济法论坛》第 16 卷,法律出版社 2016 年版,第 3 ~ 14 页。

作进一步推进,经济法的司法理论或经济法司法化问题得到了经济法学界的广泛关注。[1] 今后研究的重点在于要从基础性法理的角度出发,通过开展经济法责任的类型化研究,着力探索出经济法领域的特有责任形式,从而为经济法司法理论的确立提供基础。此外,要明确经济法司法化的实现路径,这具体包括探讨经济法规范的可诉性、厘清经济法中的诉讼程序与非诉程序之间的关系、发掘经济法诉讼的正当性基础、经济法诉讼的制度设计;以及经济法司法与民事司法、行政司法、刑事司法等制度在具体运行层面上的衔接与配合等问题。

从基础性法理的角度出发,大力开展上述相关主题的讨论和研究,对于促进和推动经济法的时代转型具有重要意义。就经济法责任理论研究而言,在基础性法理层面对政府与市场关系的经济法调整、经济法产生论、经济法地位论等命题的研究,将有助于为经济法责任理论研究奠定逻辑基础,而对经济法主体、行为、权利义务等基本范畴以及经济法司法化的法理解析,将有助于推动经济法责任在经济法治实践中的顺利实现。

三、部门法理学视阈中经济法责任理论的创新研究

部门法理学是一种对部门法中的法理进行系统思考和探索的研究,它对部门法理论提出了更高的要求,由此使部门法的主体、行为、责任等理论的研究备受重视,特别是这些理论所涉及的法理问题则更是学界关注的重点。从学术发展史上来看,经济法责任是经济法基础理论的重要范畴,其在经济法理论初创时期受到了研究者的密集关注;随

---

[1] 既有的一些研究如张守文:《经济法司法理论之拓补》,载《法学论坛》2017 年第 5 期;赵红梅:《经济法的私人实施与社会实施》,载《中国法学》2014 年第 1 期;程信和:《经济法通则立法专论》,濠江法律学社 2019 年版;叶姗:《再议制定经济法通则的必要与可能》,载《人大法律评论》(2016 年第 3 辑),法律出版社 2017 年版,第 309 ~ 327 页;等等。

着经济法理论的发展,有关经济法责任理论的讨论日益深入,尤其是经济法责任理论与角色理论的关系、经济法新型责任形态的理论阐释、经济法责任的典型性或类型化分析以及经济法责任的追究等,更是经济法学者所聚焦的热点和难点问题。[1] 在具体的经济法责任形式方面,声誉罚、惩罚性赔偿、问责制等责任形式的研究也贯穿着大量的法理思考。[2] 因此,如何在部门法理学的范式框架内深入挖掘经济法责任问题背后贯通的法理,从而有效提炼和构建科学的经济法责任理论,已是今后中国经济法学研究需要特别关注的重要问题之一。依据部门法理学的基本精神和基本立场,今后的经济法责任理论研究应当着力从以下几个方面予以重点强化和推进。

第一,要重点探索经济法责任的基础性部门法理学问题。现行经济法律制度中的诸多责任规范实际上都是通过借助传统法律责任形式来加以设置的,但由于传统民事责任、行政责任、刑事责任已不能满足经济法等现代法自身的价值目标以及制裁违法行为的现实需要,因而需要从法律责任的初始形态入手去研究和构建经济法专有的法律责任理论。基于这一背景,探索经济法责任的基础性部门法理学问题,则显得尤为重要。从部门法理学的一般原理出发,经济法责任的基础性部门法理学问题至少包括以下几个方面:一是关于经济法地位与经济法责任的关系。长期以来,我国经济法学界将经济法的独立地位问题与经济法的责任问题进行捆绑论证,这在一定程度对人们科学认识和理

---

[1] 参见张守文:《经济法新型责任形态的理论拓掘》,载《法商研究》2022 年第 3 期;叶姗:《经济责任:范畴提炼及其构造》,载《北京大学学报(哲学社会科学版)》2022 年第 1 期。

[2] 相关文献如吴元元:《信息基础、声誉机制与执法优化——食品安全治理的新视野》,载《中国社会科学》2012 年第 6 期;李有根:《惩罚性赔偿制度的中国模式研究》,载《法制与社会发展》2015 年第 6 期;史际春、冯辉:《"问责制"研究——兼论问责制在中国经济法中的地位》,载《政治与法律》2009 年第 1 期。

解经济法责任问题造成了诸多理论障碍。在经济法已然成为一个独立法律部门并在现代市场经济运行中彰显独特价值理念的条件下,必须在哲学或法哲学的层面厘清经济法的独立地位问题与经济法的责任问题的关系,为构建科学且系统的经济法责任理论提供法理支撑。二是经济法主体与经济法责任。与传统部门法中的责任制度相比,经济法中的责任适用通常分别对应于不同的责任主体,这是经济法责任理论的特色之一。在研究实践中,要从部门法理学的高度和深度密切关注经济法责任与经济法主体的关联性,深入分析不同经济法主体承担不同经济法责任的法理基础、法理特征等问题。三是经济法责任的类型化。从国家干预论的基本假设出发,经济法主体结构呈现“国家干预主体与国家干预受体”二元结构。与之相对应,经济法责任在结构上也体现为干预主体责任与干预受体责任的二元区分,这为经济法责任实现类型化提供了最为基本的法理支持。今后的经济法责任理论研究应当深化哲学或法哲学层面上的经济法责任类型化研究,尤其是要充分吸收部门法理学的理论和方法,结合我国经济法治实践中的有益经验和做法,深入挖掘经济法新型责任形态的理论基础,[1]丰富和深化经济法关于法律责任的理论及机制,增强其与当前经济法实施实践的联动。

第二,要深入讨论各种具体经济法责任形式的法理及其适用问题。作为现代法的经济法在法律责任形式方面有许多实质性创新,这些创新在我国《反垄断法》《反不正当竞争法》《预算法》等单行法中均有不同程度的体现。各个单行经济法律规范既明确了立法宗旨和具体行为规范,还规定了与特定行为规范相匹配的法律责任制度,这构成了一个完整的法律制度体系。经济法责任体系除包括一些传统的法律责任形式以外,更具特色的则是经济法规范或制度中规定和设计的若干新型

---

〔1〕 相关探讨参见张守文:《经济法新型责任形态的理论拓掘》,载《法商研究》2022年第3期。

法律责任形式，这些责任是第三法域法律责任的典型形式，其中既包括常见的财产性惩罚，也涉及一些限制市场主体经营行为的具体措施，还包括若干较为严苛的强制退市、加征金融危机责任费[1]等手段。这些特色的法律责任形式为我们思考和研究经济法责任理论提供了丰富的素材，是在部门法理学视阈中重构经济法责任理论的基础。从部门法理学的立场出发，经济法责任理论研究不能脱离传统法理学之法律责任范畴的现有辐射范畴，也不应超出法理学设定的有关法律责任理论的基本原理进行自我证明。但问题是，目前我国法理学关于法律责任理论的研究却相对滞后，无法全面反映和容纳作为现代法的经济法等新兴法律部门的责任形式及种类。比如，大多数法理学教科书上关于法律责任的种类，仍主要限定于民事责任、行政责任、刑事责任和违宪责任四种责任，而对于经济法的相关立法和实践中规定的禁止经营者集中、超额赔偿等新型责任形式则未有提及；一个常见的做法是，在法理学上人们倾向于将经济法的这些独特责任形式解读为其他责任。因此，今后研究有必要对经济法责任的各种典型形式在法理学尤其是部门法理学层面作进一步探讨，以明确其运行背后的基本法理并在此基础上强化其在实践中的有效适用。应当说，这不仅有助于全面提升经济法责任理论的指导力和解释力，而且对于助力法理学从实在法规范和司法实践中提炼并丰富其概念体系和范畴体系，也是至关重要的。

第三，要致力于分析如何在程序法层面为经济法责任的追究提供相应的体制与机制的问题。如何追究违法主体的经济法责任是部门法理学视阈中经济法责任理论创新研究的一个延伸问题。当前，经济法责任追究机制建构方面面临诸多困境，这主要是因为司法实践中对于违反《反垄断法》《反不正当竞争法》《食品安全法》《预算法》等经济法

---

〔1〕 相关探讨可参见阳建勋：《政府干预与市场调节之间的重新平衡——金融危机责任费的经济法反思与启示》，载《现代法学》2010 年第 6 期。

律法规的行为，仍然是以传统的民事诉讼、行政诉讼和刑事诉讼三大诉讼为基础加以制裁的，而这显然不利于经济法目的的实现。此外，虽然公益诉讼制度在我国已经初步确立，实践中也常常被用于解决消费者法、环境法等经济法领域出现的涉嫌损害社会公共利益的纠纷，但时至今日，法理学仍然没有为该制度的存在和发展提供理论上的证明，更未从程序理论上为经济法、社会法等现代法的实施提供有价值的学理指导。鉴于此，今后研究的重点应在于着力凸显经济法诉讼特别是已较为成熟的公益诉讼在追究经济法责任问题上的重要性，法理学也应当将其作为一种新的责任追究机制来加以对待，即要从"政府主体—市场主体"二元框架出发，通过开展经济法责任的类型化研究，着力探索出经济法领域的特有责任形式，从而为经济法程序制度(包括经济法的非诉程序和诉讼程序)的确立提供法理基础。在部门法理学的语境下，经济法责任追究问题的研究可考虑从以下三个方面展开：一是讨论经济法规范的可诉性问题，这涉及国家干预主体本身的责任追究、政府宏观调控行为的可诉性等问题。二是探讨经济法司法化与经济法上的程序问题，这一般包括诉讼程序与非诉程序、传统诉讼模式与经济法诉讼、公益诉讼与经济法诉讼以及经济法私益诉讼的司法保障等问题，其中最为关键的是到底是要在经济法中建立独立的公益诉讼机制还是在现有民事性质、行政性质以及兼具民事和行政性质的公益诉讼机制之基础上进行某种改造。三是分析经济法诉讼的正当性基础及其制度设计，这主要涉及经济法诉讼的正当性基础、经济法诉讼的制度设计等问题，尤其是关于经济法诉讼制度设计的问题应着重讨论经济法诉讼制度设计应遵循的基本原则以及经济法诉讼制度应当包含的内容，如原告资格、受案范围、前置程序、举证责任、诉讼费用等问题。总之，对经济法责任追究问题进行研究，不仅要关注非诉程序即经济法责任行政保障机制的有效建构，更要明确诉讼程序的具体适用，即探讨经济法司法化的实现路径,同时分析经济法的司法与民事司法、行政司法、刑事司法等制度在具体运行层面上的衔接与配合的问题。

作为一种研究思潮的部门法理学要求部门法学不仅关注具体的法律规则、条文等,而且应更加注重探寻这些规则或条文得以制定和实施的法理支点。部门法理学是关于部门法之法理的系统化的研究,它所运用的理论和方法对于我们深入探究经济法责任的相关理论问题、各种具体责任形式的法理及其经济法适用、经济法责任的追究等,具有重要借鉴意义。实践证明,法理学的知识资源虽然不能满足经济法研究的全部需要,但脱离法理学基础知识支撑的经济法理论及制度,则如同无源之水、无本之木。因此,新时代经济法责任理论研究若要走出困局,只有根植于法理学特别是部门法理学的广袤土壤,才能获得向前发展的持久生命力,从而与其他部门法的责任理论共融于整个法律责任体系之中。

第二节 选题依据

一、国内外研究现状分析与评价

经济法责任理论是经济法基础理论的重要组成部分。通常认为,经济法责任是指违反经济法之规定所应承担的不利后果,是作为独立法律部门的经济法所特有的法律责任形态。一直以来,围绕经济法责任理论的相关问题,学界同人已经就经济法责任之具体形式、分析范式、研究思路与研究方法等问题作了较为深入的研究,并提出了若干颇具学术价值的观点或建议。譬如,早在 20 世纪 90 年代初期,就有学者指出经济法责任的具体形式具有适用范围的特定性,即“管理主体的经济法责任形式只能适用于管理主体,管理受体的经济法责任只能适用于管理受体"[1];"经济法责任主体的范围直接影响着经济法责任类型的确立","只能依据处于不同法律地位的主体的权利与义务的特殊性确认不同性质和内容的经济法责任"。[2] 之后,随着我国经济法立法的不断丰富和完善,经济法责任理论也在不断"拓补"和完善,共识趋势逐步增强。这些共识集中于一点就是,应当依据经济法主体的不同身份或角色去抽象、提炼和归纳其各自的经济法责任形式,同时关注角色的行为和利益,即责权利相统一。[3] 如张守文教授指出,"在经济法主体结构中,主体的角色不同、其身份和地位、行为目标和宗旨有别,各自的法律待遇或权利与权力各异,决定了其违法责任的不同,从而形成了不同的'角色责任'"[4]。也就是说,经济法责任之独特性与客观性已经得到了研究者的认同;对不同经济法主体给予不同的经济法责任,即经济法的"角色责任"也为多数学者所肯定。[5] 邱本教授则进一步指出,经济法责任作为一种角色责任:一是特指享有竞争维护权和宏观调控权的竞争维护者和宏观调控者的责任;二是指竞争维护者和宏观调控者的责任是一种岗位责任,要求有权有责,权责相当,有职有责,尽职尽责;而且,经济法责任还是一种差别责任,也就是说因有责主体的不同而具有差异性。[6] 时至今日,"角色责任"作为经济法责任理论研究

---

[1] 李建华:《论经济法责任的特征》,载《当代法学》1993 年第 4 期。

[2] 李中圣:《经济法责任论略》,载《法律科学》1993 年第 4 期。

[3] 参见史际春、邓峰:《经济法总论》,法律出版社 1998 年版,第 169 ~ 172 页。

[4] 张守文:《经济法理论的重构》,人民出版社 2004 年版,第 452 页。

[5] 虽然不同学者对经济法之角色责任的表述存在差异,但他们大都承认经济法责任具有主体多元和形式多样这一基本特征。参见吕忠梅:《经济法律责任论》,载《法商研究》1998 年第 4 期;史际春、姚海放:《再识"责任"与经济法》,载史际春、邓峰主编:《经济法学评论》第 4 卷,中国法制出版社 2003 年版,第 226 ~ 240 页;郑鹏程:《经济法责任特征新论》,载李昌麒、岳彩申主编:《经济法论坛》第 7 卷,群众出版社 2010 年版,第 48 ~ 55 页。

[6] 参见邱本:《经济法总论》,法律出版社 2007 年版,第 271 ~ 272 页。

的基本思路已获得了经济法学界的普遍认可,并逐步形成和确立了调控(干预)主体的责任和调控(干预)受体的责任这个基本的分类方式。从目前的经济法理论研究和实践看,经济法责任的具体形态可能是补偿性责任,也可能是惩罚性责任;可能是财产性责任,也可能是非财产性责任;可能外在于一些实然规定,也可能内潜于一些应然形态。在这些责任形态中,有一些具体责任形式已经引起了人们的关注,如信用减等、资格减免、颁发禁止令、引咎辞职、产品召回、拆分垄断企业、"问责制"等。[1] 它们正随着经济法理论和实践的深入发展,而不断地得到提炼、归纳和总结,并逐步被类型化。

在以上这些研究成果之外,国内学术界出现的其他一些关于经济法责任问题的学术成果同样需要引起关注。在专著方面,陈婉玲的《经济法责任论》专门就经济法责任之存在价值以及经济法责任制度的构建进行了系统论证;[2] 阳建勋的《风险社会中的法律责任制度改变:以经济法为中心》从风险社会语境出发讨论了经济法领域中的法律责任问题,其中有关经济法责任研究的语言学转向具有一定的特色;[3] 赵大华的《经济法中权力主体法律责任研究》在检视经济法之法律关系的基础上重点讨论了经济法中权力主体的法律责任——以国家经济赔偿责任为中心;[4] 石金平的《经济法责任研究——以"国家调节说"为视角》以现行法中的有关经济法责任条款为参照,通过规范实证的方式全面分析了经济法责任的特点、形式、构成要件等基础性问题。[5] 与此

---

[1] 参见王全兴:《经济法基础理论专题研究》,中国检察出版社 2002 年版,第 641 页。

[2] 参见陈婉玲:《经济法责任论》,中国法制出版社 2005 年版,第 195 ~ 344 页。

[3] 参见阳建勋:《风险社会中的法律责任制度改变:以经济法为中心》,厦门大学出版社 2014 年版,第 29 ~ 55 页。

[4] 参见赵大华:《经济法中权力主体法律责任研究》,中国政法大学出版社 2016 年版,第 60 ~ 81 页。

[5] 参见石金平:《经济法责任研究——以"国家调节说"为视角》,法律出版社 2013 年版,第 89 ~ 129 页。

同时,一些学者在其新近出版的相关著作中也专章论述了经济法的法律责任问题,如漆多俊在其《经济法基础理论》(第5版)中就有关于经济法责任制度的论述;[1]薛克鹏在《经济法基本范畴研究》一书中专章论述了经济法责任问题,他从反思和检讨"综合责任论"的角度出发,强调经济法责任的两类主体是政府和经营者,需要通过打造公益诉讼和私益诉讼并重的司法体制来对相关经济法主体的违法经济活动进行追责;[2]张红则在《中日经济法比较研究》一书中的"经济法运行"部分讨论了经济法的责任形态及其落实——以政府执法和经济诉讼为实施机制。[3] 在论文方面,一些重要的法学期刊发表了不少具有较高水平的关于经济责任理论研究的论文,并产生了一定的影响。如张守文的《经济法责任理论之拓补》即是国内这一领域研究的代表性论文——主要强调通过运用矛盾分析、关联性分析、典型性分析等方法去发现经济法责任的特殊性,[4]他的另外一篇论文《经济法新型责任形态的理论拓掘》则从"形式—状态"两个维度出发对经济法新型责任形式背后的特定法律价值和法治逻辑及理念进行了系统分析,[5]但其他学者的一些论文类成果也为研究经济法责任问题提供了较为丰富的资料指引。[6]

---

[1] 参见漆多俊:《经济法基础理论》(第5版),法律出版社2017年版,第178~194页。

[2] 参见薛克鹏:《经济法基本范畴研究》,北京大学出版社2013年版,第287~321页。

[3] 参见张红:《中日经济法比较研究》,北京大学出版社2017年版,第194~215页。

[4] 参见张守文:《经济法责任理论之拓补》,载《中国法学》2003年第4期。

[5] 参见张守文:《经济法新型责任形态的理论拓掘》,载《法商研究》2022年第3期。

[6] 相关论文如翟继光:《论经济法责任的独立性》,载《当代法学》2004年第4期;焦富民:《论经济法责任制度的建构》,载《当代法学》2004年第6期;刘水林:《经济法责任体系的二元结构及二重性》,载《政法论坛》2005年第2期;陈婉玲:《经济法责任的归责原则》,载《政法论坛》2010年第6期;焦海涛:《经济法责任制度再释:一个常识主义立场》,载《甘肃政法学院学报》2016年第3期;单飞跃、余骁:《经济法法律责任:语义、规范及其整体谱系——基于法律文本的实证分析》,载《现代法学》2017年第3期;叶姗:《经济责任:范畴提炼及其构造》,载《北京大学学报(哲学社会科学版)》2022年第1期;等等。

此外,若干专门针对特定经济法责任形式在经济法治实践中的法律适用所开展的研究同样富有不容忽视的理论价值和现实意义。[1]

国外法学研究中大多没有形式意义上的经济法责任的提法,但实质意义上的经济法责任形式是存在的。比如,在经济法较为发达的德、日等国,其学理上和实在法上就存在一些用以确保经济法执行力的责任手段或形式,典型例子如欧洲与德国的经济立法(特别是竞争立法)中规定的卡特尔禁止、停止决定,损害赔偿责任,没收收益,撤销经营许可或关闭营业,禁止经营决定等;[2] 日本经济立法(特别是反垄断法)中规定的排除措施、课征金制度等。[3] 又如,美国《谢尔曼法》关于拆分垄断企业、三倍赔偿、颁发禁止令的规定以及其司法实践中广泛采用的产品召回、问责制等,也可视为实质意义上的经济法责任。此外,德国、法国、美国、日本等发达国家不仅在可能涉及经济法责任的案件中建立了相应的责任制度,而且欧洲与德日的经济立法还从经济法责任实现的角度确立了经济法的实施机构和规制程序(含诉讼程序),如费肯杰、里特纳、丹宗昭信等学者在其相关著作中即有专门关于经济诉讼法或经济法中的诉讼问题及司法救济体系的论述。[4]

---

[1] 更为详细的梳理可参见邓纲:《争议与困惑:经济法中的法律责任研究述评》,载《现代法学》2012 年第 1 期。

[2] 参见[德]沃尔夫冈·费肯杰:《经济法》(第 1、2 卷),张世明等译,中国民主法制出版社 2010 年版,第 646 ~ 652 页(第 1 卷)、第 368 ~ 369 页(第 2 卷);[德]乌茨·施利斯基:《经济公法》(第 2 版),喻文光译,法律出版社 2006 年版,第 248 ~ 255、261 ~ 263、285 ~ 289 页。

[3] 参见[日]丹宗昭信、伊从宽:《经济法总论》,[日]吉田庆子译,中国法制出版社 2010 年版,第 291 ~ 299 页。

[4] 参见[德]沃尔夫冈·费肯杰:《经济法》(第 2 卷),张世明等译,中国民主法制出版社 2010 年版,第 543 ~ 556 页;[德]弗里茨·里特纳、[德]迈因哈德·德雷埃尔:《欧洲与德国经济法》,张学哲译,法律出版社 2016 年版,第 240 ~ 251 页;[日]丹宗昭信、伊从宽:《经济法总论》,[日]吉田庆子译,中国法制出版社 2010 年版,第 299 ~ 308、373 ~ 383 页。

应当说,这些法律救济方式和途径的确立对于在实践中落实经济法责任并进而推动实现经济法的公共目的,具有重要意义。由此可见,西方发达国家的法学研究中大多没有经济法责任的概念和理论,对经济法责任理论进行系统研究的著作和论述也并不多见。相反,他们往往将研究的关注点集中于实质意义上的经济法责任形式的挖掘和探寻、经济法责任的实现与经济法权利的保护等方面。

总体来说,经济法责任理论在十多年前的中国经济法学界有着较为集中的讨论,而在近些年却少有学者对此予以关注,具有一定学术影响力的经济法责任理论文献比较少见。新近出现的一些围绕经济法责任问题而展开的研究也主要停留在20世纪末至21世纪初的水平,它们关于经济法责任的分析进路、理论框架和核心观点等在总体上仍未逃出以往研究所奠定的基调。从目前的情况看,既有的研究成果主要集中于对经济法责任的概念、特征、构成要件、归责原则、独立性、具体形式、实现机制等一系列问题的探究上,从更为高深的哲学或法哲学(法理学)角度研究经济法责任理论的高水平学术成果还不够多。其他一些从经济学、社会学、政治学等角度分析诸如问责制、产品召回、声誉罚等具体经济法责任形式的研究成果则存在研究水平参差不齐、法理深度不够以及难以融入经济法理论体系所预设之语境或情境的问题。经济法责任理论研究停滞不前,成为新时代中国经济法及经济法学进一步发展的理论障碍。综观以往的经济法责任理论研究成果,可以发现其大体是在以下两方面展开的:一是侧重于宏观论述,即从理论上讨论与经济法责任制度之建构有关的各种基础性命题,如张守文的《经济法责任理论之拓补》和《经济法新型责任形态的理论拓掘》、刘水林的《经济法责任体系的二元结构及二重性》、焦富民的《论经济法责任制度的建构》等。二是偏重于具体论证,即重点研究特定的经济法责任形式在经济法治实践中的适用,如史际春、冯辉的《"问责制"研究——兼论问责制在中国经济法中的地位》,李有根的《惩罚性赔偿制度的中国模式研究》,吴元元的《信息基础、声誉机制与执法优化——食品安全治理的新视野》,等等。随着我国经济法治建设的不断发展,经济法责任理论的重要性日趋凸显,越来越多的新型经济法责任形式也正逐步在经济法治实践中得以推广和适用。在这种局面下,经济法学界必须从一个更为高深的层面重新审视和思考经济法责任理论尤其是具体经济法责任形式的法理逻辑、法律适用等相关问题,从而为经济法责任之客观性与特殊性的形成以及在此基础上的经济法规范的实施和经济法治建设的发展提供理论依据。应当说,以上这些正是本书尝试借鉴部门法理学的思想和方法去全面研究经济法责任理论的关键原因。

二、研究的意义

本书在对经济法责任理论进行一般法理分析的基础上,围绕当前中国经济法治建设的自身需求和特点提出今后经济法责任理论研究需要重点关注与经济法责任之类型化相关联的一系列问题,进而又分别对国家干预主体和国家干预受体的几种典型责任形式从法理依据和法律适用方面进行了针对性研究,最后则讨论了从经济法的公共执法与司法诉讼的角度构建经济法责任追究机制的问题。因此,本书研究不仅具有弥补国内外相关研究不足的理论价值,而且对加快我国经济法治建设、拓新经济法的责任形式和实现机制具有不容忽视的现实意义。具体表现在以下几个方面:

第一,本书将努力实现从部门法(哲)理学的立场和视角对经济法责任理论进行全面、系统的建构。以部门法(哲)理学的方式研究经济法责任理论有助于从法理上澄清经济法责任的独立性问题,更有助于增强包括经济法责任理论在内的整个经济法理论的适用性,从而在根本上提升和拓展经济法的外部形象。在这个意义上,本书研究将无意于纠缠我国经济法责任之具体种类与传统部门法之责任种类是否存在显著的区别;相反,其重点主要在于揭示经济法责任理论本身的法理基础,并进而讨论特定经济法责任形式的一般法理依据及其法律适用问题。

第二,本书将重点从“主体—责任”理论范式出发来建构类型化的经济法责任体系。“主体—责任”范式是中国经济法学研究所应遵循的基本框架之一,它对于研究经济法责任理论具有基础性意义,这已成为我国经济法学界的一种普遍共识。更为重要的是,“主体—责任”范式应用于经济法责任理论研究,将有助于人们从部门法(哲)理学的视角探索经济法上的角色责任、岗位责任和差别责任,从而建立起具有逻辑一致性和价值统一性的经济法责任理论体系。

第三,本书的研究可能对中国经济法的实施以及经济法上的程序制度的健全产生一定的推动作用。研究经济法责任理论不可避免地要讨论经济法责任的实现问题,经济法责任的追究又与经济法规范的实施特别是经济法中的司法程序制度之建构存有密切关联。因此,本书研究还将涉及经济法的司法理论并在此基础上探究经济法的各种可行的诉讼与非诉程序机制,这不仅有助于推进经济法责任的追究,而且对于加强经济法的实施以及健全经济法的程序制度,同样甚为有益。

第三节　研究内容与总体框架

一、研究内容

本书从部门法层面上的经济法概念及理论出发,以法(哲)理学或部门法(哲)理学的方式全面、系统地探讨关于经济法责任的各个理论和实践命题。在这一过程中,有关经济法责任的各种理论争议会逐一显现出来。具体来说,本书研究主要包括三个方面的内容:一是从整体上分析经济法责任理论研究中的几个基础性部门法理学命题,从而为经济法责任类型化研究的展开提供法理依据。二是从“干预主体责任—干预受体责任”的基本理论模式出发,以现行经济法规范文本为参照,以法(哲)理学或部门法(哲)理学的方式分别讨论不同经济法主体的经济法责任;在这里,政府经济失误赔偿、问责制、惩罚性赔偿、产品召回等经济法责任形式将被进行典型化分析和类型化研究。三是讨论经济法责任理论研究中一个不可忽视的延伸命题,即经济法责任如何通过各种经济法上的程序制度得以贯彻和落实的问题;其中,关于经济法诉讼机制的建构当属重点。概括而言,从经济法责任之一般法理的揭示到具体经济法责任形式的类型化研究,再到经济法责任之追究机制的建构,是本书研究的基本内容。

二、总体框架

依据上面的研究内容,本书总体研究框架如下:

第一章:导论。本章先对部门法理学之勃兴与经济法责任理论的创新研究之间的逻辑关系进行分析,同时重点阐释在部门法理学视阈下开展经济法责任理论研究的可能性和必要性。据此,笔者主要从部门法法理化研究的勃兴、基础性法理的回归与经济法的时代转型以及部门法理学视阈中经济法责任理论的创新研究三个方面入手对上述问题展开具体论述。此外,本章还对选题依据、研究内容与总体框架以及拟解决的主要问题、基本思路和研究方法等进行了分析、归纳和总结。

第二章:经济法责任理论研究中的基础性部门法理学问题。本章主要对经济法责任理论研究的逻辑前提、基本路径和具体模式三个问题进行论证。(1)“地位—责任”思路:经济法责任理论研究的逻辑前提。在我国的经济法理论研究中,经济法的责任问题与经济法的独立地位问题是一对捆绑命题,需要依托彼此进行联合论证。(2)“主体—责任”范式:经济法责任理论研究的基本路径。“主体—责任”范式是我国经济法学界公认的经济法学研究基本框架,将之应用于经济法责任理论研究的首要意义在于实现经济法责任的类型化,同时增强经济法责任适用的有效性。(3)“干预主体责任—干预受体责任”二元结构:经济法责任理论研究的具体模式。经济法作为现代法的特质体现在法律责任领域就是其责任形态的综合性和多样性,这既包括民事、行政、刑事等传统法律责任形式的综合适用,又包括经济法理论和实践领域中提炼、发掘出来的若干特有的责任形式。本章需要强调的是不同经济法主体的经济法责任形式是不同的,即国家干预主体和国家干预受体有各自相对独特的法律责任形式,笔者会在该章对这些经济法责任形式展开具体分析。

第三章:国家干预主体责任的法理及其经济法适用。在如何追究国家干预主体的经济法责任问题上,目前虽然尚未形成明确的立法,但在理论上已初见端倪的诸如政府经济失误赔偿、实际履行等就是一些极具代表性的适用于追究国家干预主体之经济法责任的特定责任形式。因此,本章将重点研究政府经济失误赔偿和问责制的法理及其经济法适用。关于强化政府经济失误赔偿和问责制之经济法适用的现实路径的问题,是本章的难点问题。

第四章:国家干预受体责任的法理及其经济法适用。经济法理论和实践中涌现的超额赔偿、声誉罚、产品召回、资格减免等责任制度或形式,可以适用于追究国家干预受体的经济法责任。鉴于此,本章将以超额赔偿和产品召回为例来分析相关国家干预受体责任形式所蕴含的法理要素以及它们各自的法律适用问题。立足激励性报偿理论来分析超额赔偿责任的法理和适用问题以及借助预防性法律责任理论来解析产品召回责任的法理和适用问题，是本书研究的基本立场。

第五章：部门法理学视阈中的程序机制变革与经济法责任的追究。经济法责任必须在程序上保证其得以顺利实现，这也就是我们所说的经济法"可追究性"尤其是"可诉性"的问题。依据经济法、诉讼法以及其他实体法和程序法的相关原理，结合国内外经济法责任理论研究和立法实践中的可行经验和做法，本章主要从部门法理学视阈中的经济法程序机制变革、经济法责任追究的非诉程序机制、经济法责任追究的诉讼程序机制三个方面来展开分析，其中有关经济执法机制和经济法特别诉讼机制的建构属于重点问题。当然，这里同时还会涉及对经济法司法化、经济法审判机构之建立、经济法立法等问题的分析。

第四节　拟解决的主要问题、基本思路及研究方法

一、拟解决的主要问题

本书的重点是在明确"主体—责任"理论范式的前提下，通过运用系统化分析和类型化研究等方法，分别讨论国家干预主体和国家干预受体各自具有的独特经济法责任形式，发现和提炼其中所蕴含的法理，研究这些责任形式在具体适用中的各种疑难问题。其中尤为重要的是，要在司法实践中切实强化这些责任形式的适用，同时注重与其他部门法在法律责任层面上的协调与合作。经济法中有一些责任形式与传统法律责任形式存在交叉和重合，如惩罚性赔偿（也称超额赔偿）；还有一些责任则属于传统法律责任形式的变种，如政府经济失误赔偿、实际

履行等。因此,切实强化民法、行政法等传统法律部门与经济法等现代法律部门在法律责任领域的协同与合作,从部门法理学角度深入探究经济法视阈下各种责任制度或形式的法律适用与实施效果,从而共同规范和调整日益复杂的社会经济关系,当属本书研究的重点。

本书研究的难点是如何为经济法责任的类型化分析提供理论依据。部门法学研究法律责任理论的基本的目的,便是明确该法律责任的部门法属性,并在此基础上建立独立、系统、科学的属于各部门法的法律责任体系。对经济法责任开展典型性分析和类型化研究是经济法责任理论走向学理化、哲理化的关键,也是提升经济法之外部形象并进而增强经济法责任理论之适用性和有效性的关键。这样,我们便可提出本书拟突破的难点问题:如何探寻经济法责任类型化的理论依据?经济法责任类型化的基本模式是什么?对这一问题的回答是研究经济法责任理论问题的一把钥匙。

二、基本思路

从总体上说,本书遵循"明确法理基础—提炼责任类型—构建追究机制"的基本研究思路。具体如下:首先,对经济法责任理论研究中已经形成的思维模式、分析范式、研究思路与研究方法等进行全新的透视与反思,尤其是针对经济法责任理论研究的逻辑前提、基本路径和具体模式三个问题进行深入分析。其次,通过结合当前经济法治建设的现实需要,在明确"主体—责任"理论范式的基础上建构起一套由国家干预主体责任和国家干预受体责任所构成的经济法责任理论和体系,并主要落脚于对各种特定经济法责任形式之法理和适用问题的研究。最后,作为经济法责任理论研究中的一个无法回避的延伸问题,本书专门针对经济法责任在法治实践中的落实问题进行了系统讨论,这既包括对经济法责任之可诉性问题的分析,也涉及经济法司法化背景下如何建构经济法诉讼程序机制的问题，还包括对以公益诉讼为代表的经济法司法保障机制的探究。此外，经济法中的非诉程序对于追究经济法责任同样重要，这也是本书应予讨论的内容之一。本书的基本思路如图1所示：

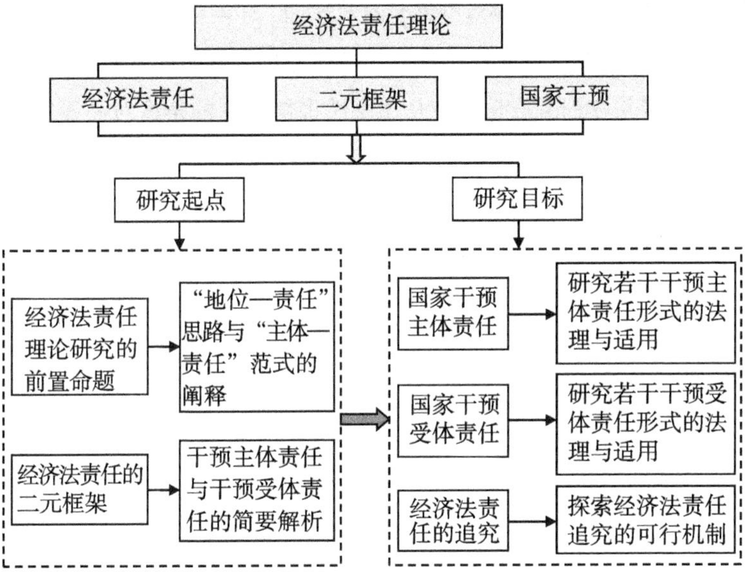

图1　本书基本思路

三、研究方法

新时代经济法基础理论（包括经济法责任理论）的创新研究，在很大程度上取决于其所采用的研究方法的创新，这已成为中国经济法学界的普遍共识。因此，在部门法理学之基本精神和基本原理的指引下，本书综合运用基础哲学或法（哲）理学、社会学、法经济学、法政治学等多种研究方法，着重对经济法责任理论进行兼具哲理性与实证性的分析和论证。具体如下：

1. 基础哲学或法（哲）理学的研究方法。如依凭基础哲学或法（哲）

理学的理论和方法,对经济法责任理论研究的逻辑前提、基本路径和具体模式进行深入解读,同时也对经济法责任类型化分析或典型化研究的法理基础加以揭示。

2. 法社会学的研究方法。这种研究方法侧重于对各种经济法责任形式在司法适用中的道德、市场自发规则等"社会事实"因素的关注和强调,如从预防性法律责任角度对产品召回责任制度进行的法理分析。

3. 法经济学研究方法。如从激励性报偿理论的角度对超额赔偿责任制度进行的法理分析。

4. 法政治学研究方法。如基于人民主权理论对政府经济失误赔偿责任进行的法理分析和论证。

第二章 经济法责任理论研究中的基础性部门法理学问题

经济法责任理论是经济法基础理论的重要组成部分,缺少责任理论的经济法基础理论是不完整的。在经济法成为一个独立的法律部门之后,包括经济法责任理论在内的整个经济法基础理论研究一直处于相对边缘化的状态,尤其是在经济法之具体责任形式的发掘和探寻上,经济法学界一直缺乏较为有力的、具有一定法理深度的讨论。因此,重新拷问、分析与反思以往的经济法责任理论,对经济法责任理论研究中已经形成的思维方式、分析范式、研究思路与研究方法等进行哲学或法(哲)理学视角的透视与反思,可以为未来建构独立、系统、科学的经济法责任理论体系指明可能的方向。

从部门法(哲)理学的一般原理出发,经济法责任的法理基础主要涉及经济法责任理论研究的逻辑前提、基本框架和经济法责任之具体形态三个问题。本书的基本命题是,任何部门法都具有与其规范和制度之运行相配套的法律责任理论,经社会生活和法治实践之检验而行之有效的法律责任理论是特定部门法赖以存在、发展和运行的基础,经济法自然也不例外。从这个意义上讲,传统法理学中的部门法观念和理论决定着经济法责任理论的本质属性,从而决定着经济法责任的体系结构、制度构成以及对各种具体经济法责任形式的阐释和适用,这其中也包括经济法责任的追究问题。基于此,本章以经济法研究中的“地位—责任”思路为逻辑起点,在对经济法之“主体—责任”范式予以分析和解读的基础上,对经济法责任的内涵进行部门法(哲)理学角度上的阐释。

第一节 “地位—责任”思路:经济法责任理论研究的逻辑前提

一、传统经济法责任理论研究进路的反思

受大陆法系传统和苏联经济法思想的影响,中国的经济法责任理论研究从一开始就与20世纪八九十年代前后我国法学界出现的经济法与民法、行政法之大论战[1]存有密切关联,并由此形成了一种对责任问题和地位问题加以捆绑论证的研究思路。在这种思路的影响下,许多经济法学者认为,只有明确了经济法的地位问题,责任理论以及与之相关的其他经济法理论才具有研究意义和价值。否则,在经济法之独立地位问题尚未得到合理论证,甚至将经济法作为一个学科进行研究也存在疑问的前提下,探讨经济法责任理论和其他经济法理论问题无异于“空中楼阁”。更为准确地说,该思路是一种将经济法调整方法主要是其中的经济法责任理论强制内嵌于经济法之地位问题中进行分析的研究进路或范式,是我国经济法者全面接受由苏联经济法学者一手缔造的传统法律部门划分理论的必然产物,可称为“责任—地位”思路。那么,这个法律部门划分理论从何而来?研究的误区便由此产生了。

---

〔1〕 关于经济法与民法、行政法之大论战的更为具体而详细的介绍可参见梁慧星:《中国民法经济法诸问题》,中国法制出版社1999年版,第236~332页。

传统法律部门划分理论是在20世纪四五十年代苏联法学界关于法的体系的大讨论过程中得以形成的，其形成大致经历了两个阶段。第一个阶段明确了调整对象这个划分法律部门的主要标准，它由M.A.阿尔扎诺夫率先提出。第二个阶段则是在调整对象这个主要标准之外又纳入了调整方法这一辅助标准，即主张把调整对象和调整方法结合起来作为划分法律部门的标准，这是苏联法学家勃拉图西提出的。之后，这种强调应当将调整对象和调整方法两个要素结合起来一并作为划分法律部门之标准或依据的观点，在苏联法学界开展的关于法的体系的第二次大讨论中再次得到了确认。[1] 应当说，传统法律部门划分理论至此即完成其自身的学术体系及内涵之建构，它深刻地影响着我国经济法理论的研究，其立场和观点集中体现在关于经济法地位问题的诸多学术讨论之中。这具体表现为：一种观点主张以调整对象作为划分法律部门之唯一标准；另一种观点则强调应当把调整对象和调整方法结合起来共同作为划分法律部门的标准。在这种划分理论的指引下，经济法地位问题的论证事实上演变成为了一种寻求独特的经济法调整对象或经济法调整方法——主要是经济法责任的做法。时至今日，以经济法责任之独特性来论证经济法地位之独立性的思路（“责任—地位”思路）仍为我国许多学者所认同。因而可以说，虽然“责任—地位”思路是在论证经济法之独立地位的命题中得以形成的，但它却对我国学者开展经济法责任理论及其他相关经济法理论的研究带来了诸多破坏性影响。

笔者认为，就我国经济法学而言，从传统法律部门划分理论出发的“责任—地位”思路在有关经济法责任问题的认识上存在一些难以克服

---

〔1〕 更为详细的梳理可参见［苏］M. N. 皮斯科京：《苏联法的体系及其发展前景（一）》，任允正摘译，载《环球法律评论》1983年第1期；吴大英、任允正：《苏联法学界关于法的体系的讨论》，载《国外法学》1984年第1期。

的现实困境,如现代社会经济关系的立体式、交互式发展已经使经济法呈现一种"综合调整"的状态;经济法责任形式只是经济法调整方法之部分内涵而非全部内涵;等等。因此,在经济法成为中国特色社会主义法律体系的重要组成部分之后,经济法学者亟须从一个更为高深的层面对这种传统的经济法责任理论研究进路进行必要的反思和批判。批判的要点有:第一,"以责任形式之独特性来证明经济法法律部门之独立性"这一思路不仅无益于其自身目的的达致,而且还有损于人们对经济法责任问题的深入研究。第二,由于经济法与其他部门法在法律责任领域的协同与合作已是现实之需,大势所趋,因而"责任—地位"思路所强调的经济法责任相较于其他传统法律责任的独特性,其实只是一种理想主义。第三,传统的"责任—地位"思路,也缺乏对新时代经济法责任理论之内涵及外延的深入把握和客观分析;应当密切关注我国现实社会生活中出现的诸多新型法律责任形式与经济法责任理论的关联。

事实上,我国经济法学界对"责任—地位"思路应用于经济法责任问题研究一直存在一些不同看法。比如,应当在理论上剥离经济法地位问题和经济法责任问题的内在关联性;经济法责任的独特性是相对的;各种责任形式的综合适用是作为现代法的经济法、社会法等新兴法律部门在法律责任领域的发展趋势;法律责任形式的种类是有限的,各部门法在法律责任形式方面是否可以严格区分,并非界定部门法之独立地位的唯一标准。这些看法为我们重新思考并进而确立一种崭新的经济法责任问题研究进路,奠定了坚实的理论基础。此外,随着近些年来经济法及经济法治之作用的日益凸显,尤其是其在社会公共领域中发挥的作用越来越大,以及作为独立法律部门的经济法已成为中国特色社会主义法律体系的重要组成部分等,我们有必要对经济法的主体理论、行为理论、责任理论等进行相应的框架阐释和理论拓展。而要科学构建经济法的责任理论体系,首先就需要明确经济法地位与经济法责任的关系问题，着力从经济法的主体理论、行为理论、权义理论等理论出发，其次结合以上的批判要点，对现有的经济法责任理论研究进路进行总体反思和系统分析。

首先，作为法律部门划分理论之辅助标准的调整方法并不仅仅是指各种制裁方法或责任形式，它在本质上是与法律规范结构相一致的。在经济法领域，以经济法之具体制裁方法为载体而形成的经济法责任理论不完全等同于经济法的调整方法理论，经济法调整方法是由经济法的任务和调整对象的种类和性质决定的。从这个意义上说，经济法调整方法无疑具有独特性，它在总体上表现为其所采取的行为规范形式以及法律后果形式上的差异性。用漆多俊教授的话说，经济法调整方法的基本特点在于其既实行提倡性规范与必要的强制性规范和任意性规范相结合，又注重作为否定式法律后果形式的经济法制裁与作为肯定式法律后果形式的经济法奖励相结合。[1] 因此，传统的"责任—地位"思路将经济法调整方法简单归结为经济法责任形式或经济法制裁方法的做法，是对法理学上调整方法理论的误读。这是以往的经济法责任理论研究首先应予反思的问题。

其次，对经济法责任形式之独特性的理解需要在结合经济法的理论、规范和制度之基础上加以总体把握。受"责任—地位"思路之影响，以往的经济法责任理论研究陷入了寻求经济法责任形式独特性的旋涡之中而无法自拔。这既不符合"法律责任形式的种类是有限的"这一客观情况，也与经济法与其他传统部门法在法律责任领域的合作与协同趋势背道而驰。第一，法律责任形式的归类向来遵循"先占"原则，它们已经被民法、刑法、行政法等传统部门法学"瓜分完毕"，作为新兴法律现象的经济法自然不可能参与到这种"瓜分"活动中来，而只能采用这

〔1〕 参见漆多俊：《经济法基础理论》(第5版)，法律出版社2017年版，第182～183页。

些种类有限的责任方式。正如凯尔森所言:“当制裁已在社会上组织起来时,对破坏秩序所适用的灾祸就在于剥夺所有物——生命、健康、自由和财产。”[1]第二,相较于传统部门法,经济法、社会法等现代法在法律责任领域呈现民事、行政、刑事等多种不同性质的责任形式的综合适用。这是因为,社会经济关系的日益复杂化以及对社会经济关系领域中特定违法行为的有效遏制和矫正,从根本上决定了部门法调整目的的实现已难以通过同一种性质的责任形式来达致,而是由不同性质的责任形式构成的责任体系来完成。[2] 这就意味着,为论证经济法为独立部门法而刻意追求经济法责任形式及理论之独特性的证成思路,不仅无益于经济法之独立地位的确立,而且对于科学构建经济法的责任理论体系,也造成了许多不应有的理论障碍。

再次,经济法责任问题研究不能仅仅停留于抽象层面的理论体系之建构,更为重要的是依据现行经济法规范去分析经济法理论和实践中发掘出来的若干具体责任形式——主要集中于分析其法理内涵和适用问题等,从而走向经济法责任的类型化研究。很明显,这为以往的经济责任理论研究所忽视。目前,我国经济法立法和实践中已涌现出诸如惩罚性赔偿、声誉罚、产品召回、危机责任费等若干特有的经济法责任形式,它们广泛地适用于市场规制法和宏观调控法的各个领域。我国《消费者权益保护法》规定的“三倍赔偿”、《食品安全法》规定的“十倍赔偿”以及其他相关立法和实践中普遍适用的问责制、产品召回、“黑、红名单”、纳税信息公告等制度,即是典型例证。因此,今后研究需要适当认可上述这些出现于经济法领域中的新型法律责任形式,着力对这些新型责任形式进行哲学或法(哲)理学视角下的探讨,同时揭示

---

〔1〕 [奥]凯尔森:《法与国家的一般理论》,沈宗灵译,商务印书馆2013年版,第49页。

〔2〕 参见王辉:《论法律责任的困境与经济法责任的超越》,载《甘肃政法学院学报》2011年第2期。

经济法责任的客观存在以及新时代中国经济法的发展空间和生命力。其中，倡导和开展经济法责任的系统化分析与类型化研究，尤其是从法（哲）理学角度进行关于特定经济法责任形式的法律适用问题研究，乃是当务之急。

最后，仍需强调以上分析的重点并非在于评价传统法律部门划分理论本身的合理性，但对于该划分理论因尊崇"责任—地位"思路而导致经济法责任问题研究陷入寻求其体系独特性的争论之中的做法，却坚决反对。甚至可以说，传统"责任—地位"思路的破坏性影响是导致目前我国经济法学界在经济法责任理论研究方面未取得突破性进展的关键原因。在经济法成为中国特色社会主义法律体系中的一个独立法律部门之后，[1]从理论上来论证经济法责任形式之独特性的研究思路已不再受到我国经济法学者的强调和关注，相反，他们将更多的注意力集中于对现行经济法规范中各种经济法责任形式的解释和适用上。因此，现在该是中国经济法学界全面、彻底地反思"责任—地位"思路对经济法责任理论研究所带来的诸多破坏性影响的时候了。从实践出发去理解和认可经济法及经济法责任之客观存在的形势变化，已然迫使我们跳出传统法律部门划分理论设置的"责任—地位"思路的"陷阱"，适时转化中国经济法和经济法理论研究的范式、思维及方法。

二、"地位—责任"思路的法（哲）理学阐释

有学者指出，论证经济法责任独立的基础条件之一就是对经济法作为独立部门法地位的认同。[2] 按照这种观点，只有认可了经济法是

---

〔1〕 通说认为，中国特色社会主义法律体系由宪法及宪法相关法、民商法、行政法、经济法、社会法、刑法、诉讼与非诉讼程序法七个法律部门构成。其中，经济法部门是关于国家调控经济的法律，它主要包括反不正当竞争法、反垄断法、消费者权益保护法以及房地产、货币、财政、税收等领域的法律。

〔2〕 参见翟继光：《论经济法责任的独立性》，载《当代法学》2004 年第 4 期。

一个独立的法律部门,才能进一步论证经济法责任的独特性,而不是相反。也就是说,这是一种与传统“责任—地位”研究思路相左的“地位—责任”研究思路。我们认为,在经济法的独立法律部门地位已取得我国法学界和立法界普遍认可的情况下,明确这一研究思路,对我们进一步构建包括经济法责任理论在内的科学的经济法理论体系具有非同寻常的理论意义。正如有学者所言,在经济法作为独立的法律部门已得到人们广泛认同的现实背景下,经济法责任理论研究需要以“创新性”取代“独立性”,这对于经济法责任制度的合理建构具有重要的现实意义。[1] 可以预见,在经济法责任理论研究中,坚持从“责任—地位”走向“地位—责任”的思维转换,或将成为传统法理学研究方法的一场革命,同时也将为我国经济法学界构建独立、系统、科学的经济法责任体系提供一种新的研究视角。

一方面,“地位—责任”思路强调经济法作为独立部门法的存在具有历史的必然性和正当性,经济法责任理论研究应当建立在这一基础之上并由此展开对相关命题的分析与探讨。经济法成为独立法律部门主要取决于两个条件:一是政府事实上已经担负起调节和影响国民经济运行的经济调节职能;二是经济法的具体法律制度比较健全且政府重视并实际上依据和运用法律调节经济。[2] 在经济法被确立为中国特色社会主义法律体系的重要法律部门之后,经济法学界可能需要思考两个问题:一是如何从一个更高深的层面上探讨经济法存在的理论基础和实践依据,从而提升经济法的“外部形象”;二是如何探寻经济法发展的新的增长点,从而夯实经济法的独立地位。[3] 这就意味着,立

〔1〕 参见金福海:《经济法责任理论新解——“创新性”取代“独立性”的思考》,载张守文主编:《经济法研究》第20卷,北京大学出版社2018年版,第12~23页。

〔2〕 参见漆多俊:《经济法基础理论》(第5版),法律出版社2017年版,第71~72页。

〔3〕 参见甘强:《经济法作为部门法地位确立之后的几点思考》,载李昌麒、岳彩申主编:《经济法论坛》第10卷,群众出版社2013年版,第42页。

足于“地位—责任”思路来建构经济法作为中国特色社会主义法律体系中的独立法律部门所应有的责任理论和责任制度，已是当务之急。[1]上文已经提及，经济法责任理论研究需要以学术共同体对经济法之部门法地位的认同为前提，这是“地位—责任”思路的核心要义。其主要原因在于，经济法作为独立法律部门在中国已是一个不争的事实，即便是否认经济法责任独立性的学者也大都认可部门法意义上经济法的存在和发展。从“地位—责任”思路的基本要义中可以看出，法律责任与其所属的部门法具有密切关联；离开了具体的部门法，法律责任无法单独存在。对于我国经济法学研究来说，这一思路要求我们在讨论经济法责任问题时认可经济法是一个独立的部门法，需要在部门法意义上的经济法语境中界定经济法责任的概念、内涵及外延，并由此形成相应的阐释方法与规则。

另一方面，“地位—责任”思路主张强化经济法责任与其他传统法律责任的协同与配合。与民法、刑法、行政法等传统部门法相比，作为现代法的经济法产生时间较晚，这就决定经济法在法律责任层面难免会与传统部门法出现交叉或雷同。正如有学者所言，经济法责任理论研究的开展应当建立在传统的法律责任划分理论的基础之上，同时关注经济法责任与民事责任、行政责任、刑事责任等传统法律责任的密切联系。[2] 符合现实立法和实践的经济法责任形式必然包含着对其他传统法律责任形式的传承，这是作为现代法的经济法与其他传统部门法在面对现代日益复杂的社会经济关系时所呈现的一种开放式、包容化的调整思维，同样也是“地位—责任”思路的应有之义。此外，在强调经济法责任与其他传统法律责任的协同与配合的基础上，“地位—责

---

〔1〕 参见张继恒：《经济法的部门法理学建构》，载《现代法学》2014年第2期。

〔2〕 参见李晓辉：《经济法责任研究路径的反思与突破》，载《厦门大学学报（哲学社会科学版）》2011年第2期。

任”思路还意味着我们应当超越传统的部门法理论和责任理论，进行经济法责任的类型化研究，形成与作为现代法的经济法相适应的责任理论，这是研究经济法责任理论的重要路径。例如，我国《反垄断法》关于法律责任的规定不仅包括民事责任、行政责任和刑事责任等传统责任形式，而且包括一些新型责任形式，如反垄断执法调查中的经营者承诺制度在一定程度上就具有法律制裁的意义。

总之，“地位—责任”思路的贯彻，对于整个法学研究的思维转换，对于研究层次和研究水平的提升，都具有重要价值。由于“地位—责任”思路关系部门法的责任理论及制度尤其是经济法等现代法的责任理论及制度的发展，因而对于“地位—责任”思路的强调，将必然带动类型化的经济法责任理论的形成和发展，从而同时使之成为经济法责任类型化研究的逻辑起点。鉴于此，今后研究需要对“地位—责任”思路作出更为深入的分析和阐释，以使经济法责任理论研究不断走向成熟和完善。

第二节 “主体—责任”范式：经济法责任理论研究的基本路径

一、经济法责任中的主体

法的主体问题是法学理论研究必须回答的首要问题之一，[1]经济法责任理论研究首先需要探究承担具体责任方式的不同经济法主体。从哲学或法（哲）理学的层面上看，经济法主体类型的塑造是实在法对特定社会关系中“人”的抽象拟制，并且，这种法律拟制的背后往往蕴含

[1] See Pierre Schalag, *The Problem of the Subject*, Texas Law Review, Vol. 69:1, p. 1627 (1991).

若干有关法律主体之价值取向、行为方式等命题的理论假设。譬如，近代民法所预设的主体，乃是受启蒙时代的自由平等思潮之影响而拟制的一种既理性又利己的抽象个人，是同时兼容市民及商人之感受力的"经济人"。[1] 这种抽象的私法主体认识观立基于个人主义本位，将不同类别的私主体假定为平等、均质且无强弱差异的主体，是特定社会经济背景下人们对法律主体之法理基础所进行的一种思考和探索。在西方法哲学史上，从个人本位、国家本位到社会本位的不同法律价值模式的有序嬗变，无不影响着法（哲）理学、应用法学对法律主体的塑造和定位。[2] 从这个意义上说，自由主义催生的民法及其民事主体人格、国家主义引致的行政法及行政法主体结构等，都是传统部门法将其各自的价值追求落实于自身理论建构和法治实践的结果。诚如伯尔曼所言，"前天的隐喻便是昨天的类推和今天的概念"[3]。这就表明，部门法学对法律主体人格及其结构的大胆预设以及在此基础上的反复求证，是探求主体本质并进而回应社会发展需求的必经过程，更是主体及主体理论走向实践性与哲理化所不可逾越的阶段。作为独立法律部门的经济法，自然也不例外。

在以往研究中，马克思主义哲学及传统法（哲）理学的主体间性、主客观相统一、"法律主体客观实在"等理论和方法，一直是经济法论者们理解经济法主体之类型、结构与能力等问题，并进而探求其本质属性的最为基础的理论工具与策略。遵循主体间性及其相关理论的指导，经济法主体体系的设计和提炼，同样是一个信守主客观相统一、实现从"主体—客体—主体"到"主体—主体"的角色换位的过程，并且，这样

---

〔1〕 参见［日］星野英一：《私法中的人》，王闯译，中国法制出版社2004年版，第7页。

〔2〕 参见孙国华主编：《法理学教程》，中国人民大学出版社1994年版，第547～551页。

〔3〕 ［美］伯尔曼：《法律与革命：西方法律传统的形成》，高鸿钧等译，中国大百科全书出版社1993年版，第200页。

的过程集中地体现于经济主体结构的形成和经济法主体能力的塑造这两方面。在这两个层面中,经济法主体的结构决定着主体的权利(力)能力、行为能力、责任能力等诸多法律能力,但经济法主体的能力内容及能力的实现方式等又对主体结构的确立具有一定的反作用。如此,法律上"人"的主体性与主体间性的关系在经济法主体论范畴中则转化为"经济法主体的结构、类型及能力等取决于特定的社会物质生产关系、经济法主体制度的形塑应当做到回应社会经济治理的主体需求"的基本原理。从这一角度上讲,经济法主体的本质探究是一项随着认识主体水平不断提高、认识对象不断发展而呈现多个层次的系统工程。对经济法主体本质的揭示只有深入至其主体理论及制度的根源(主体的内在结构与法律能力),才能彻底明晰。因此,从哲学或法(哲)理学的层面对经济法主体之结构与能力进行深入分析,可以直接为经济法主体的客观存在奠定坚实的基础。

现代社会中的法律关系错综复杂,简单通过名称和形式绝难勾勒出法律关系中"人"的本质,只有通过关注具体法律关系主体构成的资格,分析主体构成资格中的权利(力)能力、行为能力等能力问题,经济法主体的法理特质方能得以显现。一般来说,主体的权利(力)能力主要与法律对相关权利或权力的赋予有关,而主体的行为能力则与主体的经济实力、智力以及其具体的行动等有关。两者与人格、意志等传统哲学或法(哲)理学概念具有原初意义上的逻辑联系。但是,与近代民法确立的有关法律主体之"权利能力与行为能力的适度分离"不同,[1]

[1] 权利能力与行为能力作为两个相互独立的私法制度,得到了《德国民法典》的确认而成为现在的通说观点。但也有研究指出,民法中权利能力与行为能力的分离只是一种表象,权利能力仍然间接依赖于行为能力,其具体内容需要借助于行为能力予以判定,学界的理论发展趋势呈现两者在一定程度上的融合。参见刘召成:《权利能力与行为能力的合与分》,载《国家检察官学院学报》2013 年第 5 期。

经济法主体的权利(力)能力与行为能力、责任能力等是相互关联和互通交融的。这主要表现为:经济法主体之权利(力)能力的享有应以其行为能力、责任能力为基础;经济法主体能力理论的系统构造依赖于权利能力、行为能力与责任能力的有效配合。此外,经济法主体的能力内容还呈现类型化的现象,这取决于经济法主体的特殊构成,也和"主体能力的完整构造需要权利能力、行为能力与责任能力的配合才能完成"这一基本的法理存有干系。由此可见,经济法主体能力的构建与哲学或法(哲)理学上关于人格、权利(力)、行为、责任等的思考是紧密相连的,其根源在于权利能力植根于主体的自我负责的理性的行为能力和责任能力。

经济法责任理论研究还涉及与经济法责任中的主体相关联的经济法之行为问题。一般认为,法律上的人"不外是他的一系列行为所构成的",[1]其在本质上是由各种信念、意志和欲望构成的一个无中心的网络。[2]同一个主体在不同法律关系中据以显示自身特质的,不是其名称和形式,而是具体的行为。不同的行为产生不同的结果,从而衍生出具体的法律调整诉求。[3]这些哲学或法(哲)理学领域的思想和论断揭示出,法律关系中的主体、行为、责任、权义等要素之间存在逻辑上的序列性、通贯性和自洽性,而其中的行为是联接主体与权力、权利、义务、责任等概念或范畴的根本性要素,它决定着某一法律及蕴含其中的特定法律关系的本质特征。考本究源,这主要归因于西方主要法哲学流派对"法律"与"行为"关系的一系列

〔1〕 参见[德]黑格尔:《小逻辑》,贺麟译,商务印书馆1980年版,第293页。

〔2〕 参见[美]理查德·罗蒂:《后哲学文化》,黄勇译,上海译文出版社2004年版,第186页。

〔3〕 参见[美]麦克尼尔:《新社会契约论》,雷喜宁、潘勤译,中国政法大学出版社2004年版,第56页。

表达[1]以及国内法(哲)理学研究中关于"具有法律意义的行为"[2]、"法律上的行为"[3]等命题的具体阐述。

主体、意志和法律效果是传统法(哲)理学及部门法学研究中行为成立的基本构成要件。用一句话表述即是,主体的行为都是一种意志表达,但只有当这种意志表达具备了为自己和他人设定、变更或者消灭某种权利义务关系的内容时,才具有法律意义。[4] 尽管这样的思维逻辑或许也能够解释那些具有法律意义的经济法行为或经济法上的行为,但囿于非公即私的强制性证成思路,其充其量只是说明了经济法学与法(哲)理学、其他部门法学(民法、行政法等)在行为制度建构的形式要件方面具有一定的共通性和融合性,而对于那些公私交融的经济法行为何以能够存在、存在的基础是什么等关涉经济法行为之哲学或法(哲)理学品性的实质性命题的回答,则显然超出了该理论所应有的投射范围。经济法是私法和公法在结构上混合的法域,[5]对经济法行为的阐释若依循上述的"意思实现说",除了可能出现理论适用上的"水

---

[1] 自古希腊斯多葛学派的自然法思想"法律是理性命令"始,到托马斯·阿奎那所言的"法是人们赖以导致某些行动和不作其他一些行动的行为准则或尺度"的论断以及霍布斯的国家主义自然法哲学和洛克、孟德斯鸠的自由主义自然法哲学理论中所蕴含的关于"对'自然自由'的反动需要通过对人类行为的限制、支持、保护来加以实现"的基本原理,再到以奥斯丁为代表的分析法学所建构的"法律命令理论",最后到纯粹法学代表人物凯尔森的"法律是人类行为的一种秩序"的论说以及依赖法社会学而形成的行为主义法学所倡导的"借助行为科学的理论和方法去研究法律现象"的观点,都相当一致地承认法律与行为的密切关联,即法律是而且只能是对行为的调整和规制。

[2] 张文显:《法哲学范畴研究》(修订版),中国政法大学出版社2001年版,第2页。

[3] 刘光华:《法律上的"行为":什么是经济法的视角?》,载《首都师范大学学报(社会科学版)》2008年第1期。

[4] 参见姜明安:《行政法与行政诉讼法》,高等教育出版社、北京大学出版社2007年版,第227页。

[5] 参见[德]沃尔夫冈·费肯杰:《经济法》(第1卷),张世明等译,中国民主法制出版社2010年版,第34页。

土不服”以外,更为重要的是,经济法行为制度所应具有的用以承载部门法理念、精神和价值的实际功用将丧失殆尽,并进而演变成为一种仅具形式意义而无实质内涵的纯“技术装置”。从这个角度上说,经济法行为体系的设计若仅仅依赖资格、意志、表达、效果等传统要素,就很难诠释在法域结构上具有公私融合属性的经济法的法律关系。因此,经济法中行为的内容或要件完全可以确定得更为具体一些,譬如,职权、职责、权力、权利、义务、责任等元素均可包含在内。

从哲学或法(哲)理学的角度来讲,经济法行为是主体的实践活动,是主体在特定部门法理念的指引下,借助权利(力)、义务或职权、职责甚至是责任等若干与行为相关联的概念和制度,来实现经济法治实践中的权义配置和利益分配的过程。一方面,经济法上的行为制度关注行为的目标和方向。从本质上说,这与私法范畴中的意志要素有关,因为经济法行为在某种程度上也是以主体之意思表示为主导的法律效果行为。但是,与传统私法中的行为相比,经济法行为的发生源于对社会整体问题的解决,其运行的目的是实现对社会整体利益或社会公共利益的维护。[1] 经济法行为除了最大限度地保障“私法自治”以外,更为重要的是要彰显其重在规范公权力运作、旨在维护社会整体利益的自身特色。另一方面,经济法上的行为制度强调行为的内容和路线。从根本上说,这导致了经济法中各类主体的职权与职责、权利(力)与义务等要素在排列、分布和组合上必然具有经济法的特殊性,从而共同构成了经济法及经济法行为的利益层级和权义组合。经济法行为是一种对社会整体利益进行最大限度的尊重和保护的过程,而社会整体利益若体现为具体的法律标准,其中之一就是在权利(力)和义务、职权和职责等行为要素和责任要素的设置上采取社会本位的立场。由此而言,经

〔1〕 参见张继恒:《现代经济法行为范畴的梳理与提炼》,载漆多俊主编:《经济法论丛》第23卷,法律出版社2012年版,第40页。

济法行为的存在取决于行为本身所承载的特定法理念和法价值,其实现依赖于经济法在坚守社会本位的前提下对不同主体之利益层级和权义结构所作的有效设置。进一步讲,社会本位理念的承载体现了经济法行为的品性,而有关利益层级和权义结构的设计决定了经济法行为的内容。

这一点完全可以从西方法哲学领域所涌现的社会化思潮中看出。譬如,社会学法(哲)理学派认为,法律调整的社会关系就是个人与个人、个人与社会的相互关系,其基本目的在于促进个人主动精神与社会客观要求之间的和谐统一。[1] 与之相适应,这种法(哲)理学思想主要从以下两方面展开:一是关注具体的个人生活而非抽象的个人意志;二是关注与按政治方式组织起来的社会相区别并构成对照的文明。[2] 在个人与社会的关系方面,社会学法(哲)理学强调社会、社会连带(合作)和社会整体利益,[3] 而这正是经济法及经济法行为得以出现的哲学或法(哲)理学基础。只不过,经济法行为对社会本位理念的承载始终遵循"社会整体利益与社会成员个体利益之间存在复杂的对立统一关系"[4] 这一基本的法(哲)理学原理,即社会整体利益以个体利益的存在为前提,个体利益的实现有助于社会整体利益的最大化,社会整体利益在本质上是组成社会共同体的若干成员的个体利益的总和。[5] 这意味着,建构经济法行为制度并非是要倡导一种社会整体利益至上的法观念和法意识,而是在践行一种"社会整体利益是在个体利益、国

---

〔1〕 参见公丕祥:《法制现代化的理论逻辑》,法律出版社1999年版,第241页。

〔2〕 参见[美]庞德:《法理学》,邓正来译,中国政法大学出版社2004年版,第530~538页。

〔3〕 参见张文显:《二十世纪西方法哲学思潮研究》,法律出版社2006年版,第92页。

〔4〕 冯果、万江:《求经世之道 思济民之法——经济法之社会整体利益观诠释》,载《法学评论》2004年第3期。

〔5〕 参见[英]边沁:《道德与立法原理导论》,时殷弘译,商务印书馆2000年版,第58页。

家利益等各种利益的反复博弈中寻求均衡或协调的必然结果”的哲学或法(哲)理学理念。因为,社会整体利益所代表的某种正义与个体利益、国家利益所象征的他种正义之间并不具有可比性,不能认为一种正义优越于另一种正义,[1]社会整体利益不过是这些相互冲突的各种利益最概括的形式。[2] 千万不要忘记以下忠告:“每个人都拥有一种基于正义的不可侵犯性,这种不可侵犯性即使以社会整体利益之名也不能逾越”[3]。这些均表明,从社会整体利益的角度出发去诠释经济法行为范畴的研究思路是正确的,它揭示了经济法行为在产生、运行和发展过程中所依托的哲学或法(哲)理学思想,是对经济法行为之整体品性的精确把握,具有重要意义。

由此可见,经济法责任理论的研究,实际上是需要把经济法的主体、行为、权利、权力、义务、职权、职责等都作为一个整体来加以看待,综合考虑各类相关的经济法要素,而不是只单纯地就经济法责任而论经济法责任。这种认识建立在“主体—行为—责任”或“主体—责任”这一经济法学基本框架[4]的基础上,它对于分析经济法责任存在的法理基础以及如何进一步开展经济法责任的类型化研究等问题具有重要价值,有助于更好地平衡不同经济法主体之间的权义与利益。

二、“主体—责任”范式的法(哲)理学解读

“主体—责任”范式是中国经济法学研究所应遵循的基本框架之

---

[1] See Douglas Litowitz, *Postmodern Philosophy and Law*, University Press of Kansas, 1997, p. 112 – 113.

[2] See Pound, *A Survey of Social Interests*, Harvard Law Review, Vol. 57: 1, p. 441 (1943).

[3] [美]罗尔斯:《正义论》,何怀宏等译,中国社会科学出版社 1998 年版,第 1 ~ 2 页。

[4] 相关探讨可参见王全兴、管斌:《经济法学研究框架初探》,载《中国法学》2001 年第 6 期。

一,它对于研究经济法责任理论具有基础性意义,这已成为我国经济法学界的一种普遍共识。更为重要的是,“主体—责任”范式应用于经济法责任理论的研究,将有助于人们从法理学的视角探索经济法上的角色责任、岗位责任和差别责任,从而建立起具有逻辑一致性和价值统一性的经济法责任理论体系。

首先,“主体—责任”范式与经济法中的角色理论密切关联。遵循“主体—责任”范式对经济法责任进行研究的直接理论依据在于经济法上的政府主体与市场主体之角色和功能的差异性,在经济法责任理论研究中强调角色功能理论并实施角色功能标准将有助于我们深入理解这一点。依据角色理论,不同经济法主体可能承担不同的法律责任,即经济法责任在本质上是一种角色责任、差别责任。从国家干预理论的基本假设出发,这主要是针对国家干预主体和国家干预受体而言的。也就是说,由于国家干预主体和国家干预受体在现代社会经济生活中扮演着不同的角色,因而它们各自所承担的经济法责任是具有差异性的。比如,国家干预主体如果不正当行使经济干预权,就可能要被剥夺行使经济干预权的资格和能力,或者承担相应的政府经济失误赔偿责任。而国家干预受体由于不具有经济干预权,因而其并不存在上述责任的承担问题。

其次,“主体—责任”范式意味着我们应当在经济法责任理论研究中贯彻“干预主体责任—干预受体责任”二元框架,即强调不同经济法主体的经济法责任形式是不同的,国家干预主体和国家干预受体都有各自对应的具体责任形式。经济法的理论研究和制度实践表明,干预主体责任的具体形式可以包括政府经济失误赔偿、问责制等,干预受体责任的具体形式则主要有惩罚性赔偿、声誉罚、产品召回等。比如,主要针对政府主体的“问责制”就是一种超越“违法责任”的高级管理机制,它代表着现代社会经济条件下“责任”作为一种系统性的制度结构所具有的整合和调节功能。[1] 又如，作为立法者的国家所制定的某项经济法律法规或所实施的某种干预经济活动的行为存在制定者或实施者既无过错、制定或实施的规则及行为也不违法，但确给国家之外的他人造成特别损害的情形时，就可能导致政府经济失误赔偿。[2] 再如，实践中的信誉评估、纳税信息公告、“黑名单”等制度就涉及声誉罚的问题，这些责任形式的落实对于有效阻吓企业放弃潜在的经济违法行为具有重要作用。[3]

总之，“主体—责任”或“主体—行为—责任”范式为我国经济法学界公认的经济法学研究基本框架，将之应用于经济法责任理论研究的首要意义在于实现经济法责任的类型化，增强经济法责任的适用性和有效性。

第三节　“干预主体责任—干预受体责任”二元结构：经济法责任理论研究的具体模式

经济法责任理论的全面深化，在很大程度上依赖于经济法学者对一些具体的责任形式进行典型性分析或类型化研究，这已成为普遍性

〔1〕 相关探讨可参见史际春、冯辉：《“问责制”研究——兼论问责制在中国经济法中的地位》，载《政治与法律》2009 年第 1 期。

〔2〕 对此，西方一些国家就有相关的法令或判例支持此种情形下的国家赔偿责任，其具体是针对国家所制定的改变公共服务的法律法规给作为私人的产品和服务的提供者增加额外负担的情况。如法国的火柴制造业在 1872 年被变成国家垄断的行业时，那些火柴制造商就得到了国家的相应补偿；瑞士政府在 1910 年为了公共利益而取缔有损健康的苦艾酒时也曾有类似的法律规定，该法律中有这样一条规定：公平起见，那些由于禁止苦艾酒而受到直接损害的生产商和雇主可以得到部分的赔偿。参见[法]狄骥：《公法的变迁》，郑戈译，商务印书馆 2013 年版，第 191 ~ 192 页。

〔3〕 相关探讨可参见吴元元：《信息基础、声誉机制与执法优化——食品安全治理的新视野》，载《中国社会科学》2012 年第 6 期。

的共识。[1] 鉴于此,我国经济法学界开始关注并倡导一种基于"干预主体责任—干预受体责任"二元结构的经济法责任问题研究,以求借此推进新时代经济法基础理论的创新研究。

一、经济法责任体系二元结构的提出

上文的分析已经表明,经济法责任体系的二元结构首先是由违法行为主体即经济法责任主体的二元结构所决定的。也就是说,经济法责任体系是由两种类型的责任主体所承担的不同性质的子责任体系所构成的,它具体包括国家主体或政府主体的经济法责任及体系和市场主体的经济法责任及体系两大类。从一般法理的角度上讲,经济法责任体系的二元结构是与经济法的"角色理论"相一致的。在经济法的主体体系中,由于国家主体(干预主体)与市场主体(干预受体)扮演的角色不同,其身份和地位、权利与义务、行为目标和理念有别,各自的法律上的权利与权力各异,因而其违法责任的形式必然不同,从而形成了不同主体的"角色责任"。例如,国家干预主体承担经济法责任大多源于宪法性的组织法的相关规定,这些规定同时也在经济法立法中得到进一步明确;这就决定了国家干预主体违反经济法义务所应承担的责任必然不同于民事主体承担的私法责任,而应当是一种公法性质甚至是宪法性质的法律责任。

至于经济立法中社会中间层主体的存在是否构成对经济法责任体系二元结构的挑战,需要在此作出特别说明。在经济法领域,社会中间层组织有时会基于某些特定的目的、在一定条件下参与社会经济活动,从而成为经济法上的主体,但其能否成为具有独立地位的经济法主体,学术界存有较大的争议。从现实情况看,社会中间层主体可能参加到

---

〔1〕 参见张守文:《经济法理论的重构》,人民出版社2004年版,第455页。

不同性质、不同类别的社会经济关系之中，但要准确界定其法律地位，却离不开对其所处的法律关系系统的检测和识别。正如有学者指出的，“法律给主体定位的科学方法，应当是将主体置于其所在的社会关系系统中，从其所参与的各种社会关系中多方位把握其地位”[1]。从法理学层面上说，不同经济法主体之所以在角色安排和地位设置上存在差异，最根本的还是因为主体在权源、权能等方面的不同，并且，这种不同主要体现为各类经济法主体在权力(利)来源、权力(利)类型以及权力(利)生成依据等要素的获取渠道上所具有的相对独特性。笔者的基本观点是，社会中间层主体的权力(利)来源、权力(利)性质以及维护的法益等表明，确立社会中间层的独立经济法主体地位没有法理依据。这主要是因为，从权力(利)来源、性质以及维护的法益上看，社会中间层主体的权力(利)主要来源于作为私主体的会员以内部章程契约为基础的“让渡”，有时来源于法律法规的直接授权或行政机关的委托；并且，社会中间层主体维护的利益从本质上说仍是私益，扮演的也是私主体的角色。这样，社会中间层主体的权力(利)主要还是建立在会员协议的基础之上的，从性质上讲属于私权范畴。有时基于行政机关委托而干预经济活动时，其所依据仅是国家或政府的临时委托或授权，而非其自身所享有的权力(利)——自治权。[2] 至于法律法规的临时授权，则由于法律规定或者表述的不清晰、不明确等原因，使其是否属于法律的直接授权，在有些情况下是很难作出精确判断的。[3] 再者，社

[1] 王全兴：《经济法基础理论专题研究》，中国检察出版社2002年版，第533页。

[2] 参见肖江平：《论市场规制法的主体》，载《云南大学学报(法学版)》2005年第6期。

[3] 在这一点上，国内行政法学研究也有相同或相似理论。在行政法学者看来，第三部门主要是基于自治而实施公共治理。这表现在：第一，因为法律规定或者表述得不(够)清晰、明确，是否属于法律法规授权，在有些情况下很难判断。第二，随着第三部门的逐渐形成与日趋成熟，由政府直接授权、委托的情形渐趋减少，更多的是基于团体成员的权利让渡而获得公共治理权。具体论证可参见余凌云：《第三部门的勃兴对行政法意味着什么？》，载《浙江学刊》2007年第2期。

会整体利益也不能为社会中间层主体权力(利)的合法化生成提供理论依据。因为社会中间层的目的是对一类特殊普遍利益的保护,其宗旨主要在于促进本团体的集体性利益和共通性利益。[1] 也就是说,社会中间层主体所代表的不过是局部的私的利益,是成员个体利益的简单相加,而非经过整合后的社会整体利益。因此,社会中间层主体与国家主体、市场主体的最大不同正在于其所具有的平衡和协调功能。但无论是基于理论的解析还是现实的考量,社会中间层主体一般都属于国家干预受体的范畴,[2]不可能成为一类与国家主体、市场主体相并列的独立经济法主体类型。[3]

经济法责任体系二元结构的形成还与经济法主体间权利义务的不对称性存有密切关联。经济法主体二元结构蕴含着经济法主体间权利义务的不对称性,这种不对称性使经济法责任结构呈现责任主体与责任形式相互分离的特质。[4] 首先,政府作为经济法主体表现为经济权力的广泛性与经济义务规定性的极不相称。在经济立法中,国家或政府主体基于管理和干预社会经济活动的需求,往往拥有法律上的诸多权力,这使其可以针对不同的经济法发展情况,对不同对象、不同区域或不同行业采用不同的调整方法和手段。经济法正是借助国家干预的力量来维持市场的自由竞争和公平竞争。因此,无论是宏观调控法领

---

[1] 参见鲁篱:《行业协会经济自治权研究》,法律出版社 2003 年版,第 5 页。

[2] 有学者通过对社会中间层之内涵及外延的分析指出,无论赋予社会中间层主体多少权力(利),它始终都源于市场,不可能脱于甚至超于市场这个私权的集合体。但中国的消费者协会是一个特例,它是一个具有官方或半官方性质的准行政单位,因此从其日常运转和职能履行来看,其在具体的经济法律关系中的角色主要还是干预主体的地位,而非干预受体。具体论证可参见郭维真:《试论经济法主体的二元结构性》,载《福建师范大学学报(哲学社会科学版)》2008 年第 6 期。

[3] 更为详细的论证可参见张继恒:《社会中间层的经济法主体地位析辩——由“三元框架”引发的思考》,载《法制与社会发展》2013 年第 6 期。

[4] 参见陈婉玲:《论经济法责任主体的二元结构》,载《中南大学学报(社会科学版)》2006 年第 4 期。

域还是市场规制法领域,作为经济法主体的政府或国家都具有广泛的经济干预权。虽然国家在干预经济活动的过程中也负有不得滥用权利、不得不作为等义务,但与其所享有的广泛的经济干预权相比,相关经济立法对国家主体的经济法义务的规定却显得极为单薄。在经济法上的国家主体层面,权力的广泛性与义务规定性形成鲜明的不对称。其次,经营者、消费者等市场主体在经济法中也存在权利义务规定的不对称性,经营者是经济法重要的市场主体之一,由于其在经济活动中可能会形成一定的市场支配力,因而经济立法在赋予其一定竞争权或市场对策权的同时,也强调其应当承担必要的社会责任以及不得损害国家、社会、消费者的合法利益。与国家主体、经营者相比,消费者属于经济法上的弱势群体,其所代表的社会整体经济利益在每一个具体的消费者利益受到侵害的过程中被吞噬。因此,现行经济立法基于保护社会整体经济利益的需要,通常会对消费者进行倾斜性保护,即规定消费者一般不承担经济法上的任何义务,却只享有经济法上的相关特定权利。我国《消费者权益保护法》的相关规定,即是典型例证。总之,经济法主体间权利义务的规定呈现明显的不对称性,这同样决定着经济法责任体系的二元结构以及经济法责任的独特形式和内容。

综上可见,经济法责任主体表现为典型的二元结构——国家干预主体(政府主体)和国家干预受体(市场主体)。责任承担主体是经济法责任构成要件中的焦点,需要予以特别关注;经济法主体的二元结构以及经济法主体间权利义务的不对称性特质,要求我们在进行经济法责任体系设计时,必须针对不同经济法主体所应承担的责任形式加以区别对待。在具体的研究实践中,如何追究国家干预主体本身的经济法责任,一直是经济法责任理论研究中的难点问题,而有关国家干预受体的经济法责任追究则显得相对容易。这一特殊性决定了我们在进行具体的经济法制度安排时必须充分关注政府主体和市场主体各自的个性化责任设置的客观需求。经济法责任主体二元结构是经济法责任理论研究的出发点,也是经济法责任制度设计及形式配置的法理基础。

二、国家干预主体责任的简要解析

1. 国家干预主体承担经济法责任的理论基础

从国家干预理论的基本假设出发,经济法可以被理解为确认和规范政府干预经济之法,经济法主体呈现国家干预主体与国家干预受体的二元结构。一般认为,经济法中的国家干预主体涉及范围十分广泛,从理论上讲可以区分为干预决策主体和干预执行管理主体,在实在的经济法文本中则进一步表现为全国人民代表大会及其常委会、反垄断执法机关、市场监管机关、预算机关、税务机关、中国人民银行等具体类型。国家或政府是经济法的主体类型之一,经济法以保障和维护社会整体意义为根本宗旨。虽然国家干预主体在根本上代表社会整体利益,但在具体的经济活动中,抽象的国家干预主体是以具体的经济管理机关及其内部国家工作人员的身份和角色出现的,或者说其行使国家干预经济的权力是通过政府的代表来完成的。因此,具体的经济管理机关在代表国家行使经济干预权时必须对社会负责,同时也不得滥用其经济干预权力以及不得损害市场主体和其他利益主体的物质利益。

在理论上,国家干预主体承担经济法责任有其深厚的法理基础。卢梭的社会契约论可以较好地说明这一点。社会契约论是把政府权力的合法性和正当性根植于公民与公民或公民与政府之间所签订的政治契约之基础上,并强调通过契约形式来规范和约束国家或政府行为的理论学说。从根本上说,这种政治契约的目的在于维护社会整体利益,即对于政府因追求自身利益而损害社会整体公共利益的行为要予以法律责任机制上的制裁。因此,国家行为一旦超出公民之间或公民与政府之间的社会契约所设定的范围和理念,将必然威胁到人类社会的合理秩序和公共利益,这样的国家或政府就会自然丧失其权力的正当性和合法性基础。从社会契约论的基本精神和基本立场出发,国家干预主体承担经济法责任主要包含以下几个方面的因素:其一,政府权力的形成是社会契约的直接结果,其目的在于维护和保障社会整体利益。其二,社会契约的达成体现了契约主体针对经济干预权如何作用于现实社会经济活动的问题在某种程度上的一致意见。其三,社会契约意味着政府在维护社会公共利益方面向社会公众所作的某种形式的承诺。其四,它还意味着政府在承诺维护社会公共利益的基础上拥有了广泛的经济干预权,这一权力的行使同样也会导致其承担某种法定的义务和责任。

国家干预主体承担经济法责任并进而构建起一个完备的政府经济法责任机制,必将会使经济法的责任体系更加趋于完善,从而更进一步提升经济法的"外部形象"。此外,国家干预主体承担经济法责任将有助于规范政府经济权力的行使,从而为社会整体利益提供有力的法制保障。上文立基于社会契约论对国家干预主体承担经济法责任之理论基础的分析已经表明,国家干预主体承担经济法责任的根本宗旨应当致力于实现社会整体利益的最大化,[1]从根本上起到规范国家经济干预行为的作用,并进而为社会公共利益提供最有效的保护。应当说,这是我们构建和研究国家干预主体责任的终极目的。

2. 现行经济立法中有关国家干预主体责任的规定及存在的问题

针对国家干预主体责任,以往研究讨论了许多具体的经济法责任形式如国家赔偿、实际履行等。这里的国家赔偿实际上是国家或政府经济失误赔偿,是因国家或政府经济决策失误而应承担的赔偿责任,主要还是"立法赔偿",它不同于传统的民事责任和行政责任,因为国家或

---

〔1〕 关于社会整体利益的详细解读可参见蒋悟真、李晟:《社会整体利益的法律维度——经济法基石范畴解读》,载《法律科学》2005年第1期。

政府承担赔偿责任的原因不是违法民法和行政法的规定,因而它是一种新型的法律责任形式。但从本质上讲,国家或政府经济失误赔偿实际上只是国家赔偿的一种形式而已。与国家赔偿相关联的"实际履行"也是这种情况,在民法的合同违约责任中就有实际履行这种责任形式,所不同的是,此处的实际履行的结果不像合同违约责任中只对特定人有利,而且主要是国家或政府履行。国家或政府的主要责任,就是提供公共物品,而对于公共物品的需要一般是私人物品所不能替代的,它一般只能由政府来提供。如果政府不作为,有时可能就会对调制受体产生不良影响,如外部竞争环境的营造、市场秩序的维持、必要的宏观调控等,都是政府应当实际履行的义务,在这方面,不能或不可能完全用承担国家赔偿的责任方式来代替,政府也不能用纳税人的钱(全面的赔偿)来为自己开脱。[1] 因而只能由国家或政府以"实际履行"的责任形式来完成。应当说,这些研究成果对于促进和推动国家干预主体责任的完善起到了重要作用。

然而,必须指出的是,我国经济法在法律责任制度的发展上主要还是体现在干预受体即市场主体经济法责任方面的进步,关于国家干预主体即政府主体的经济法责任方面,现行经济法的规定则显得较为单薄,其具体责任形式并不如市场主体的责任形式丰富,且主要是一些具有行政法属性的法律责任形式。综合现行经济立法的相关规定可以发现,经济法中国家干预主体的责任主要有以下几种:第一,没收违法收入和责令退回财物。这种责任形式在经济法实践中已经得到广泛应用,但现行经济法立法上明确规定这一责任形式的并不多见。比如,我国《产品质量法》第67条即规定了产品质量监督部门或者其他国家机关违反相关规定向社会推荐生产者的产品或者以监制、监销等方式参与产

---

〔1〕 参见张守文:《经济法责任理论之拓补》,载《中国法学》2003年第4期。

品经营活动的，由其上级机关或者监察机关责令改正，消除影响，有违法收入的予以没收。再如，我国《城市房地产管理法》第70条规定："没有法律、法规的依据，向房地产开发企业收费的，上级机关应当责令退回所收取的钱款……"第二，责令改正违法行为。责令改正违法行为是指国家干预主体作出经济违法行为时，由相关部门责令改正，以杜绝其再次出现违法现象。如我国《预算法》第76、90条就规定了政府及其财政部门承担改正或纠正预算违法行为的法律责任。第三，消除不良影响。这里的消除不良影响不同于民法中的消除影响措施，它是在政府及其所属部门的经济违法行为使市场主体的合法权益遭受侵害时要求政府承担的一种法律责任形式。我国《产品质量法》的相关规定中即涉及这种法律责任形式，但未就该责任的具体应用作出明确规定。第四，通报批评。这是一种具有政治性或者道德性的法律责任形式，能够对国家干预主体的政治声誉造成某种消极评价。比如，我国《价格法》第45条就针对地方政府及其政府相关部门的特定价格违法行为明确规定了通报批评这一责任形式。

从现行经济立法中的相关规定看，我国关于国家干预主体责任的规定主要存在以下几个问题：首先，责任形式在根本上仍是具有行政法属性的。我国现行经济立法中明确规定的诸如没收违法收入和责令退回财物、责令改正违法行为、消除不良影响、通报批评等责任形式从本质上讲都属于行政责任的范畴，其重心是通过行政责任措施和机制来追究国家干预主体的经济违法责任。其次，责任形式的设置主要针对国家工作人员，而非国家干预主体本身。由于国家干预主体本身的责任追究一直是经济法理论研究和司法实践中的难题，因而我国现行规定往往都集中于对国家工作人员的制裁，而替代了政府本身所应承担的经济法责任。但问题是，行使国家经济干预权的国家工作人员实际上并不是经济法的权力主体，而只是作为经济法主体之一的国家干预主体的代理人。从现行经济立法中看，这种通过让国家工作人员承担行政责任和刑事责任来代替国家干预主体应承担的法律责任的做法，在许多单行经济法律法规中普遍存在。最后，政府经济失误赔偿、实际履行等独特经济法责任形式没有得到现行立法的明确认可。从目前情况看，政府经济失误赔偿、经济违宪责任、实际履行、问责制等经济法理论研究中已较为成熟的责任形式，对追究经济法主体的违法行为并进而助推经济法的有效实施具有重要作用，但遗憾的是，我国现行经济立法并没有将这些新型责任形式纳入国家干预主体的经济法责任体系之中。以上这些均表明，虽然我国现行经济法中有关法律责任的问题在近年来不断得到强化和完善，但有关国家干预主体本身的法律责任承担形式却往往被立法者所忽视。应当说，从保障市场主体的合法权益、规范国家经济干预权的有效行使并进而实现整体经济法治的角度上说，在经济立法中建立健全完备的国家干预主体责任机制，已是现实所需、大势所趋。

三、国家干预受体责任的简要解析

1. 国家干预受体责任社会性的理论基础

在经济法领域，国家干预受体主要是以市场主体的身份来参与市场经济活动的，是市场经济运行中的直接利益相关者。那么，国家干预受体的经济法行为如何能够给社会整体利益造成侵害？如果造成侵害，应当如何要求其承担经济法上的责任，其法理基础是什么？从一般法理的角度说，在现实的经济活动领域，国家干预受体的自利本性以及追求个体利益最大化的动机导致市场出现盲目性和滞后性，进而必然使国家干预受体的个体私益与社会整体利益发生冲突。因此，无论是在市场规制领域还是宏观调控领域，一旦国家干预受体出现违反经济法的行为，其行为的后果一定是对个体利益、国家利益和社会整体利益的多重侵害，相应地，其责任形式必然是惩罚性责任与补偿性责任并存、经济性责任与非经济性责任并重，呈现一种社会化责任保障制度的特点。

国家受体责任在具体形式上呈现社会性特点有其一定的理论基础，主要有三：其一，经济法的产生发展轨迹昭示出国家干预受体责任之社会性特征的正当性基础。经济法现象出现于资本主义世界社会经济矛盾日益突出的19世纪末20世纪初，以规制企业托拉斯[1]为核心的美国《谢尔曼法》的颁布成了现代经济法产生的标志，之后经济法则从法律层面不断加强对企业危害社会秩序的垄断行为、限制竞争行为、不正当竞争行为等的规制。对市场主体危害社会秩序的行为的规制表现在责任方式上就是若干具有“社会性”特征的责任形式成为追究国家干预受体责任缺失的法律救济方式。其二，经济法的国家干预理论为国家干预受体责任之社会性特征的论证提供了理论依据。国家干预理论体现在责任追究机制上，就是要求市场主体适用的责任形式在具体设计上除了能保障投资者(股东)的利益以外，更要最大限度地维护和实现股东以外的其他利益相关者的利益(社会整体利益)。由此可见，国家干预理论进一步说明了提出国家干预受体责任之社会性特征的正当性与合理性。其三，经济法的社会本位理念决定了国家干预受体责任具有社会性特征。经济法是建立在承认社会利益客观存在的基础之上的法律现象，其以维护社会整体利益为己任，通过对社会经济关系的调整，以达到维护自由竞争之市场秩序的目的。但也正是经济法的这种社会本位理念，使经济法中的国家干预受体责任天然具有社会性特征。所以说，经济法以追求社会整体利益的实现为其终极目标，成了新

---

〔1〕 企业托拉斯是指若干性质相同或互有关联的企业为了独占市场、获取高额利润而组成的垄断组织。该类垄断组织首先在美国出现，如美孚石油托拉斯、威士忌托拉斯等。

型经济法责任形式产生的理论先导,同时也是解释国家干预受体责任之社会性特征的重要理论依据之一。正是基于上述原因,现代各国纷纷在经济立法中强调国家干预受体承担经济法责任的社会性要求。

我国现行经济立法中虽然有很多关于国家干预受体承担经济法责任的规定,但总体上看,有关责任制度之社会性的要求仍体现得不够彻底和到位,国家干预受体因其经济违法行为引起的大规模损害事件依然存在,损害社会整体利益的情况也仍然十分普遍。究其本质,国家干预受体责任的社会性特点在法律责任制度设计时没有得到很好体现而导致责任形式本身对于国家干预受体的威慑力不够是其最重要的一个原因。传统的民事责任和行政责任无法从根本上有效遏制国家干预受体侵害社会整体利益并进而引发大规模损害事件的经济违法行为,也不能有效弥补由此给国家、社会和个体造成的广泛的、长远的利益损害。旨在彰显社会性特点的经济法责任制度的建立可以很好地解决这一问题。具体到国家干预受体责任,通过提炼和发掘更多的具有社会性的新型责任形式,不仅有利于妥善处理个体利益、国家利益与社会利益的冲突和矛盾,而且对于最大限度地引导国家干预受体按照最经济、最有效的方式合理使用经济资源,也是颇为有益的。

2. 经济法理论和实践中的相关责任形式

综合现行经济立法的相关规定,借鉴国内外相关研究成果和实践经验,可以发现国家干预受体即市场主体所应承担的经济法责任主要有超额赔偿、资格减免、信用减等、颁发禁止令、金融危机责任费等。现简要分析如下。

首先,经济法中的超额赔偿大致相当于惩罚性赔偿,和经济法的国家赔偿主要由国家干预主体(国家和政府)来承担不同,经济法中的超额赔偿主要由国家干预受体(市场主体)来承担。经济法中最典型的采用惩罚性赔偿的例证有我国《消费者权益保护法》的"三倍赔偿"规定和《食品安全法》的“十倍赔偿”规定，以及美国《谢尔曼法》关于三倍赔偿的规定等。其实，这里的惩罚性赔偿并非新鲜事物，民事责任中早就有补偿性赔偿和惩罚性赔偿之分。以合同违约责任中的支付违约金为例，民法学者普遍认同，从促使债务人积极履行的角度考虑，在立法上确定违约金为补偿性的同时，要明确违约金的数额应当包括可得利益的损失，纠正司法实践中不保护可得利益的倾向。这样，补偿性违约金可以得到类似于惩罚性违约金的效力；另外，在确定违约金的基本性质为补偿性的同时，也不排除当事人在公平、诚实信用原则的指导下，约定使用惩罚性的违约金。传统私法使用惩罚性赔偿的情形还是比较少见的，主要还是以补偿性赔偿为主，而经济法中的惩罚性赔偿则有扩大适用的趋势。

其次，经济法中的资格减免和信用减等从本质上讲也属于“惩罚性责任”。现代经济法自产生以来，一直致力于维护社会整体经济利益，以实现实质公平为宗旨。违反经济法的行为不仅会给社会个体造成损害，更重要的是它有可能会在更大范围内给社会中的不特定群体造成损害，严重危害社会整体经济利益。即任何一个违反经济法的行为都有可能“对经济整体及处于整体中的个体造成损害，又同时损害了社会整体利益与某一个体的经济利益”[1]。因此，在要求违法行为人弥补社会个体损失的同时，再对其施以“惩罚性责任”，以尽可能补偿社会整体利益的损失。除了罚款、罚金和自由罚等传统的“惩罚性责任”形式以外，像资格罚、能力罚和声誉罚等更会让违法者付出惨重代价，使其受制于法律的威慑力。这里的资格减免和信用减等就是关于资格、能力、声誉等方面的惩罚，这些惩罚性措施均与传统法律责任形式有所不同。在这方面，有一些现象或制度很值得关注和研究，如信誉评估制

---

〔1〕 刘水林：《经济法基本范畴的整体主义解释》，厦门大学出版社2006年版，第4页。

度、纳税信息公告制度、上市公司PT制度、黑名单制度等,其中就可能涉及信用减等问题。[1] 理论上有一种可称为“专业不名誉责任或制裁”[2]的责任形式已初见端倪。这种责任或制裁具有经国家认可的行业责任或社会性制裁的性质,其实质是国家或者行业协会对企业的市场主体资格的取消或限制。此种责任形式在专业性较强的行业中已较为普遍地采用。如银行同业协会发布公告,对长期欠债不还的客户予以制裁,限制其贷款资格与信用能力等。[3] 同时,立法上也有一定体现,其中某些制裁措施就涉及资格减免问题。[4]

再次,颁发禁止令是司法当局依职权或依被害人申请而采取的制止违法行为发生和防止损害扩大的一项救济措施。禁止令既可以对已经发生的违法行为起到制止作用,还可以对没有实施但即将实施的违法行为起到预防作用。如美国《谢尔曼法》规定,美国司法部或者被违反该法的行为所损害的私人或企业可以要求禁令救济。在经济法中适用禁止令责任形式时,原则上并不以存在损害事实为必要条件。例如:产品的生产者、销售者没有按照国家强制性标准生产产品或销售产品的,在未投放市场前,国家就可以颁发禁止令,禁止生产或销售违反国家强制性标准的产品。

最后,金融危机责任费是政府为了应对金融危机所采取的一种手段和措施,其目的在于通过征收一定比例的“金融危机责任费”来补偿因银行及相关金融机构滥用权力或过度冒险行为而给纳税人造成

---

〔1〕 参见张守文:《经济法责任理论之拓补》,载《中国法学》2003年第4期。

〔2〕 史际春、邓峰:《经济法总论》,法律出版社1998年版,第65页。

〔3〕 参见王全兴:《经济法基础理论专题研究》,中国检察出版社2002年版,第641页。

〔4〕 例如,《中国人民银行助学贷款管理办法》(2000年)第5条规定,申请助学贷款者贷款逾期1年不还,又未提出展期,贷款人可在其曾就学的高等学校或相关媒体上公布其姓名、身份证号码。此外,对有特定违法行为的企业取消其优惠待遇、扣减其留利、停止其能源供应等,也被有关立法规定为制裁措施。

的损失。[1] 在金融法治领域,大型金融机构与中小型金融机构之间的风险地位不平等,而金融危机责任费的提出正是基于这种金融风险层面上的不平等地位所进行的身份调整,其结果就在于角色责任的强化,即对作为弱势主体的小型金融机构实行倾斜性保护,而对居于强势地位的大型金融机构课以特别的法律义务。金融危机责任费这一责任制度最早由美国政府所提出,其对于我国的金融法律责任制度的建设也不乏借鉴意义,在我国经济法责任理论及制度的完善、经济法治的有效实施等方面提供了新的法制建设思路。

此外,理论与实践中如产品召回、拆分企业等制裁措施也被视为国家干预受体的责任形式并被规定于有关经济法律规范之中。当然,这些新型责任形式在责任主体、责任对象、适用条件等方面还有进行系统化分析和类型化研究的空间。同时,由经济法之社会本位理念所决定,经济法责任理论构建不能仅强调责任的否定功能、消极功能,还应突破传统法律责任理论的限制,强调责任的肯定功能、积极功能,即对国家干预受体采用鼓励、奖励等责任形式。[2]

---

〔1〕 参见阳建勋:《风险社会中的法律责任制度改变:以经济法为中心》,厦门大学出版社2014年版,第132~133页。

〔2〕 参见程宝山:《经济法基本理论研究》,郑州大学出版社2003年版,第207页。

第三章

国家干预主体责任的法理及其经济法适用

上文的论述已经表明,从国家干预理论的基本假设出发,经济法可以被理解为确认和规范政府干预经济之法,经济法主体呈现国家干预主体与国家干预受体的二元结构。一般认为,经济法中的国家干预主体涉及范围十分广泛,从理论上讲可以区分为干预决策主体和干预执行管理主体,在实在的经济法文本中则进一步表现为全国人民代表大会及其常委会、反垄断执法机关、市场监管机关、预算机关、税务机关、中国人民银行等具体类型。此外,在实践中,由于国家干预主体责任有时又会表现为一种"替代责任",即国家工作人员替代政府承担经济法责任,因而国家工作人员也可能是经济法中国家干预主体责任的承担主体。从既有理论研究和法治实践中看,尽管国家干预主体责任的具体形式极为有限,但我们仍有理由对一些已相对较为成熟的具体责任形式从部门法理学的角度进行深入探讨,以期促进中国经济法治的进步。

鉴于此,本章将选取政府经济失误赔偿、问责制两种具体责任形式进行系统研究,着力在部门法理学的高度对这两种责任形式的内涵、所蕴含的法理以及它们各自在经济法中的具体适用问题加以深入探究。

政府经济失误赔偿和问责制是可以直接适用于追究国家干预主体的经济法责任,属于国家或政府自己的责任。应当说,这两种责任形式在我国经济法理论研究和法治实践中具有一定的代表性,在一般法理层面也有其存在的正当性和合理性,对其予以分别讨论并倡导将它们引入经济法中国家干预主体的法律责任体系,对于有效弥补我国现行经济立法中国家干预主体责任规定的不足,具有不容忽视的理论意义和现实意义。

第一节　政府经济失误赔偿责任的法理与适用

一、政府经济失误赔偿责任的界定

1. 既有理论研究及实践的简要回顾与分析

关于政府经济失误赔偿或国家经济失误赔偿的责任形式,我国经济学界早有探讨。例如,张守文在 21 世纪初就指出了国家经济赔偿责任对于促进经济法责任制度发展的重要性,并明确强调经济法上的国家经济赔偿主要是针对国家在市场规制和宏观调控过程中实施的违法或不当行为(主要限定于立法领域)而给干预受体造成损害时所应当给予的一种赔偿。[1] 又如,一些学者还对经济法上政府经济失误赔偿责任的构成要件以及具体的赔偿方式作了进一步的分析,[2]并指出它是经济法中的一种新型政府责任形式。[3] 再如,有学者从经济法律关

〔1〕 参见张守文:《经济法理论的重构》,人民出版社 2004 年版,第 456 页。
〔2〕 参见焦富民:《论经济法责任制度的建构》,载《当代法学》2004 年第 6 期。
〔3〕 参见颜运秋:《"经济法责任"基本问题研究》,载《山东警察学院学报》2010 年第 2 期。

系—经济法律责任—国家经济赔偿的理论逻辑出发,对经济法上的国家经济赔偿责任进行较为全面、系统的研究。[1] 从以往研究中看,这种政府经济失误赔偿责任一般可以通过积极补偿责任和消极补偿责任两种具体途径来加以落实,积极补偿责任主要表现为社会救助、社会保障、转移支付等方式,消极补偿责任则是直接对干预受体受到的损害依照法定程序进行金钱或物质赔偿。同时,该赔偿责任还被限定为"立法赔偿",即不同于一般的行政赔偿或司法赔偿,它主要源于国家政策或法律对干预受体之权益所造成的实质侵害,属于一种不以过错为必要条件的广义的赔偿责任。

在我国的经济法治实践中,政府经济失误赔偿责任至今仍未得到现行立法的明确认可。不过,一些西方国家的立法涉及了这种政府经济赔偿责任。比如,法国通过"公共负担平等"的公法原理及法国行政法院的一系列判例,尤其是以"小花奶制品有限公司案"为基础而建立的现代立法赔偿制度与原则[2],以及德国学界普遍支持的立法侵权赔偿责任,就与这里所讲的政府经济失误赔偿有关。在这之后,欧盟法院则通过一系列判决指出,欧盟各成员方必须对立法机关的违法行为承担必要的赔偿责任。[3] 再如,日本在"麻风预防法违宪国家赔偿案"中也对立法赔偿采取了接纳的态度,日本的国家立法赔偿观念在学术界已成广泛共识并被有关判例所认可。[4] 我国的全国性立法中虽然没

---

[1] 具体论述可参见赵大华:《经济法中权力主体法律责任研究》,中国政法大学出版社2016年版,第113~206页。

[2] 具体论述可参见张莉:《法国立法赔偿制度评析》,载《行政法学研究》2012年第4期。

[3] 参见杨福忠:《立法不作为侵权赔偿:国家赔偿责任形式的新发展》,载《政治与法律》2008年第9期。

[4] 更为详细的讨论可参见曾祥瑞:《日本国家赔偿特别领域要论》,载《行政法学研究》2004年第1期;王元朋:《国家立法赔偿的逻辑》,载《行政法学研究》2008年第2期。

有规定这种政府经济失误赔偿,但一些地方省、市的规范性文件对此责任形式有所涉及,如2006年1月1日起施行的《重庆市政府重大决策程序规定》(现已失效)、2005年6月28日起生效的《中共海南省委关于加强投资环境建设若干问题的决定》等。这些规范性文件所确立的这种政府经济失误赔偿的基本内容是:政府因重大决策(主要包括提出地方性法规草案、制定政府规章、出台有关市场规制和宏观调控方面的政策措施等)失误给他人造成损失的,政府本身应承担赔偿责任。[1]

不过,需要说明的是,对于这种具有立法赔偿性质的政府经济失误赔偿,学界一直存在争论,司法实践中也是做法不一。首先,学界主要有肯定说和否定说两种意见。肯定说从人权救济保障的必要性出发,主张国家或政府应当为其立法或决策行为造成的损害承担赔偿责任。比如,许多日本学者认为,日本《国家赔偿法》中的"公权力"事实上是包括立法权的,因而立法行为对宪法所确立的公民基本权利造成侵害时应当适用国家赔偿法。[2] 否定说主要是基于立法行为本身所具有的政治特性以及政府经济赔偿要件成立一般不具可能性的角度来论证经济决策失误政府不应当承担赔偿责任。如我国有学者指出,由于立法机关制定的法律并非以特定人为对象,因而其与国家赔偿制度的性质及设计理念明显不同,且立法人员在立法职权行使过程中应受言论免责的保障,既然立法人员不负法律上的赔偿责任,那么国家或政府自然也就没有代位赔偿的可能性。[3] 其次,从司法实践看,法院对于政府经济失误赔偿问题也是见解不一。以日本的情况为例,日本地方法院和最高法院在立法行为造成实际损害时国家或政府能否给予赔偿问

---

〔1〕 参见杨道彬:《决策失误决策者要赔偿》,载搜狐网,https://news.sohu.com/20051020/n227253123.shtml。

〔2〕 参见[日]阿部照哉等编著:《宪法》,周宗宪译,中国政法大学出版社2006年版,第394页。

〔3〕 参见吴庚:《行政法之理论与实用》,中国人民大学出版社2005年版,第453页。

题上的立场和态度是不一样的。总体上看,日本司法实务界对于政府经济失误赔偿的适用仍是较为消极保守的。日本地方法院受理过一些因立法行为侵权而导致的赔偿案件,而日本最高法院起初只是强调立法行为只能引起政治责任问题,但在遭受一些宪法学者的批判之后,其态度逐渐所转变,立法行为侵权之国家赔偿的可能性大大增加。[1] 可以预见,随着各国对立法行为而导致的政府经济失误赔偿问题认识的深入和对人权保障力度的加强,政府经济失误赔偿作为一种独特经济法责任形式将成为越来越多国家的议题。

以往有关经济法的理论研究和法治实践表明,尽管可资借鉴的学术成果和实践经验并不充裕,但政府经济失误赔偿作为一种新型责任形式却需要引起人们的关注。在我国,随着改革进程的推进,政府经济失误赔偿责任之适用所受制于的文化、观念以及体制机制层面的障碍已经逐步消减,正在向政府因市场规制或宏观调控行为对受到损害的社会公众给予国家经济赔偿的方向发展。依据经济法的程序理论,政府的市场规制或宏观调控行为是否具有可诉性在一定程度上并不影响规制或调控的法律救济性。进一步说,包括政府在内的各经济法主体之法律责任的追究并不一定都需要通过司法上的诉讼程序来达致,其在很多情况下实际上是可以通过经济法上的执法程序来加以实现的。笔者的基本立场是,在经济法上明确政府经济失误赔偿这一责任形式,不仅对于有效追究国家干预主体之经济法违法行为并进而规范国家市场规制权与宏观调控权的正确行使具有重要作用,而且对于维护公正和谐的市场经济秩序以及保障干预受体合法权益,同样意义重大。

鉴于此,我国完全有必要在经济法领域将主要限定于立法赔偿的政府经济失误赔偿作为追究国家干预主体经济法责任的主要责任形式

---

〔1〕 参见杨福忠:《立法不作为侵权赔偿:国家赔偿责任形式的新发展》,载《政治与法律》2008 年第 9 期。

之一。主要理由如下:首先,既有经济法理论和实践把主要限定于立法赔偿的政府经济失误赔偿排除在经济法责任体系之外,在一定程度上是受卢梭的人民主权学说的影响。卢梭认为,由于主权乃是绝对的权力,是不受法律约束的,因而是不能对作为构成主权者主权意志之最高体现的立法行为主张立法赔偿的。但笔者认为,卢梭的人民主权学说同样存在一些局限性,因为立法机关制定法律的行为并不能直接理解为主权行使本身,真正的主权行为应当是立宪而非立法,以立法之主权表达来否认政府经济失误赔偿责任在经济法中的适用可能性的观点仍有待商榷。其次,从人权保障的角度来看,现代法治国家的基本任务或目标之一就是保障社会公众权利不受侵害。因此,当社会公众的权利受到他人的侵害时,国家或政府有义务和责任惩罚侵权人并使受害人获得相应的赔偿;当国家或政府侵害社会公众权利的时候,同样也应当承担相应的赔偿责任,以实现其保障公民权利的基本任务。这就意味着,如果国家或政府的立法行为侵害了社会公众的合法权益,国家或政府也应该承担相应的法律责任,即国家或政府的立法行为侵害公民合法权益造成损害的,也同样要给予一定赔偿。最后,从国家或政府的本质属性来讲,国家或政府的立法机关制定的法律实质上也代表主权者的意志,因而它与其他代表国家的行政机关或司法机关等一样,都不应该被豁免法律责任,包括其立法行为给公民合法权益造成损害时可能给予的各种形式的赔偿。政府经济失误是违反经济法之法律义务的行为,政府经济失误赔偿是适用于经济法中国家干预主体的一种独特的新型法律责任形式。那么,应当如何合理界定政府经济失误赔偿责任的内涵、范围以及如何在实践中加以有效落实呢?这是需要我们首先予以重点讨论的问题。

2. 政府经济失误赔偿责任的界定

简单地说,政府经济失误赔偿是基于国家或政府在经济决策领域的违法行为而采用的一种经济法责任形式。从本质上讲,政府经济失误赔偿是倡导国家或政府承担社会责任的理念在法律制度层面的一种体现,也可以理解为其是责任政府和法治政府之于经济法责任制度设计的应有之义。这种责任在理论上需要保持一定的弹性和张力,但也需要和现实的法制状况保持最低限度的衔接。我国现行立法特别是关于国家赔偿的相关法律法规并未规定立法赔偿,即便是明确规定的行政赔偿制度事实上也把对抽象行政行为的赔偿排除在外。国外立法中虽然存在一些涉及立法领域的国家赔偿的规定或案例,但总体上看也没有相当成熟和系统的经验可以汲取。因此,笔者的基本观点是,既有研究将政府经济失误赔偿主要限定于立法赔偿的思路仍需在经济法的理论和实践中加以倡导和强调,今后研究则应当结合现行立法和制度实践中的做法和经验对该责任的内涵和外延作出更为科学、明确的界定,以期推动政府经济失误赔偿责任的尽快确立和有效运行。具体来说,可以从三个方面展开对政府经济失误赔偿责任之内涵及外延的理解和界定。

第一,政府经济失误赔偿是以经济法上的“主体—行为—责任”框架[1]为逻辑基础而形成的责任形式,它体现了经济法中权利(职权)与义务(职责)、权力与责任的平衡统一。对于国家干预主体而言,政府经济失误赔偿是一种因其特定违法行为而导致的法律责任,由于赔偿所使用之财力为全体纳税人所共有,因而必须审慎地使用。对于国家干预受体而言,政府经济失误赔偿则体现为一种权利,但这一权利的行使应当遵循一系列法定的程序和要求。在当前法治环境下,尽管政府经济失误赔偿责任追究会面临各个方面的困难,但从整体经济法治的未来发展的角度上说,也需明确国家干预主体本身的法律责任形式并将

---

〔1〕 对该框架的具体阐释可参见王全兴、管斌:《经济法学研究框架初探》,载《中国法学》2001年第6期。

之付诸司法实践。理由是,国家经济干预职能虽然在本质上发源于个人的意志,但就其目的而言,它完全是一种组织和管理社会经济公共事务的集体行动。如果这种集体性活动给他人造成了损害,政府就应该动用公共服务基金或者以其他方式来修复这种损害,只要该行为与损害结果之间存在因果关系即可。[1] 总之,政府经济失误赔偿的生成,在根本上依循着经济法上的“主体—行为—责任”框架以及与之关联的经济法“权义结构”(具体又包括国家干预主体的“权责结构”与国家干预受体的“利义结构”)[2]等分析范式的基本精神和基本原理,这构成了政府经济失误赔偿责任在经济法领域得以存在和发展的理论根基。

第二,政府经济失误赔偿责任一般应限定在市场规制法领域,但也不排除国家或政府因宏观调控权之行使而造成的对特定社会公众的损害予以赔偿的可能。经济法之社会本位的理念和宗旨决定了国家干预主体在行使市场规制权时不仅可能会对个体利益造成损害,同时也可能侵害社会整体利益,比如在反垄断法、反不正当竞争法、消费者保护法等领域。在市场规制法中,国家干预主体因行使市场规制权而造成的个体利益损害,一般可通过行政法上的行政复议、行政诉讼和行政赔偿等程序予以救济,但侵害社会整体利益的行为如政府不作为、乱作为或怠于履行职权等则难以得到救济。在这种情况下,政府经济失误赔偿责任的存在就显得十分必要了,它完全可以通过既有法律制度中的行政决定和协商程序来实现。此外,国家干预主体行使宏观调控权也可能引发对部分社会公众权益的侵害,由于宏观调控权的行使过程必然伴随着公共决策民主性不足、公职人员的理性不足以及经济决策的试错所可能引致的各种风险等客观现象,因而造成的损害自然无法避

---

〔1〕 参见[法]狄骥:《公法的变迁》,郑戈译,商务印书馆2013年版,第186~187页。

〔2〕 关于经济法“权义结构”的系统分析可参见张守文:《经济法理论的重构》,人民出版社2004年版,第395~428页。

免。在追究国家干预主体之宏观调控法律责任的问题上,除了政治责任、道义责任、违宪责任可以适用外,还应重点考虑通过一定的方式和途径对部分受损者予以政府经济失误赔偿,以避免和防止制度溢流现象[1]的出现。

第三,政府经济失误赔偿不同于现行立法中的行政赔偿或司法赔偿。与现行立法中的行政赔偿和司法赔偿相比,政府经济失误赔偿责任主要源于国家政策或立法性文件对国家干预受体之权益的实质侵害,其责任承担主体是经济法中的国家干预主体即经济决策部门或经济立法机关本身,一般不包括这些国家机构的内部工作人员如主要领导、直接负责人、具体负责人等。同时,由于国家干预主体承担经济法责任的根本前提在于其行为的违法性,损害事实的存在以及违法行为与损害事实之间存在因果关系只有在政府经济失误赔偿责任适用时才为必备要件。此外,政府经济失误赔偿的具体责任方式在形式和方法上可以是以金钱、物质等为载体的经济赔偿手段,也可以是以特定福利为载体的经济赔偿手段。以上这些都反映了政府经济失误赔偿作为一种专有经济法责任形式所具有的独特性,也表明了政府经济失误赔偿责任的确立对于强化和落实国家干预主体本身之经济法责任所具有的重要意义。

以上这些分析表明:首先,政府经济失误赔偿责任应是国家自己的责任而非国家的代位责任。一方面,从人权保障的角度看,现代法治国家的责任呈现由国家自己责任取代国家代位责任的发展态势;另一方面,政府经济失误之赔偿责任以国家自己责任或本身责任为基础可以避免由受害人承担故意或过失的举证责任问题,从而更容易使公民权利获得救济。在经济法领域,当国家干预主体之经济立法或决策行为

---

[1] 参见叶俊荣:《国家责任的溢流:国家赔偿法实施现况的检讨》,载《台大法学论丛》1995 年第 2 期。

给社会公众造成侵害时，要求受害人承担举证责任证明立法机关有主观上的故意或者过失，是存在很大的难度的。其次，政府经济失误赔偿责任的适用应采用违法责任原则而非无过错责任原则。根据无过错的国家责任原理，针对政府经济立法或决策失误所造成的损害，合法权益受到实际侵害的社会公众只需证明损害的客观发生即可，而无须举证证明立法者是否存在故意或过失。可问题是，对于政府经济立法或决策失误所造成的损害采用无过错的国家或政府责任，虽然可以在一定程度上妥善解决受害人举证责任困难的问题，但却有可能由于政府经济失误赔偿的请求过于容易实现而导致滥诉，而且还会加重国家财政的负担，从而不利于社会公共福利的健康发展。鉴于此，笔者主张政府经济失误之赔偿责任的适用应当采用违法责任原则。违法责任原则的基本要义在于国家干预受体因经济立法或决策机关的失误行为权利受到侵害的，应当举证证明经济立法或决策机关的经济干预行为已经违反宪法，否则，国家或政府不负经济赔偿责任。在适用无过错责任原则的前提下，政府经济失误赔偿责任的追究一般只需要证明一个要件即损害事实的存在，法院就可使受害人获得法律上的赔偿救济，很显然这会在无形之中大幅增加国家的财政负担，而违法责任原则的适用可以有效弥补无过错责任归责原则的缺陷及不足。在违法责任原则的条件下，政府经济失误赔偿责任的要件主要包括两个方面：一是损害事实的出现，二是违宪性。这既避免了国家干预受体举证经济立法或决策机关存在主观故意或者过失方面的困难，而且由于受到侵害的国家干预受体还应当举证证明经济立法或决策机关的经济干预行为具有违宪性，从而也在一定程度上避免了滥诉的可能性。应当说，这一认识和理解为我们在经济法视阈中思考和界定政府经济失误赔偿责任的内涵、外延及其适用范围等问题提供一个可供借鉴的思路和路径。

二、政府经济失误赔偿责任的法理:从若干法哲学理论的视角分析

如上所述,政府经济失误赔偿责任类似于立法赔偿,是一种基于国家干预主体之经济立法或决策行为而发生的赔偿。在我国学术界,“责任政府”“法治政府”作为一种观念或理念已经成为人们的普遍共识;作为一种价值目标,它在实践层面也已成为我国政府全面深化改革的基本取向。就我国经济法及经济法治而言,政府经济失误赔偿作为一种经济法责任形式的确立和适用,在一定程度上旨在维护社会整体利益并进而实现实质公平正义的经济法对“责任政府”和“法治政府”理念在法律责任制度层面上的一种体现。在经济法领域,国家或政府作为国家干预主体,享有国家干预或调控经济的职权,参与经济法法律关系,承担相应的经济法责任。政府经济失误赔偿责任的确立和落实大大推进了经济法中政府责任的法律化。这正是运用国家的经济立法制约国家的经济行政,从而实现国家或政府的自我约束。[1] 同时,它也说明代表国家行使经济干预权能的政府要对其经济决策违法或不当行为承担诸如经济法上的积极赔偿、消极补偿等形式的法律责任。

从广义上来讲,政府责任包括政府的道义责任、政治责任和法律责任三个方面,而其中的法律责任当属核心。笔者认为,在经济法领域,道义责任和政治责任不能完全替代法律责任,否则将会出现一种虽然找到人民是主权者,但却发现主权者无法追究仆人的法律责任而只能追究其政治责任的尴尬局面,[2] 也与法治政府、责任政府的理念

---

〔1〕 参见[德]古斯塔夫·拉德布鲁赫:《法学导论》,米健译,法律出版社2012年版,第131~132页。

〔2〕 参见王成栋:《政府责任论》,中国政法大学出版社1999年版,第136页。

背道而驰,因此,国家或政府的责任必须法制化。[1] 由此可见,政府经济失误赔偿正是政府责任在经济法领域的法治化,是当前我国责任政府、法治政府建设的必然要求,其存在法理上的合法性和正当性。在法哲学史上,政府经济失误赔偿责任的产生和存在可以从诸多理论学说中寻找到充足的法理或哲理资源,代表性的理论模式如"人民主权理论""公共负担平等理论"分配正义理论等。以下结合这些理论模式对政府经济失误赔偿责任所蕴含的法理进行解剖和分析。

1. 人民主权理论

主权是一个国家的最高权力,[2] 人民主权则是指国家的最高权力应当掌握在人民手中,全体人民具有平等的参与政治决策过程的权利。政府的权力基于人民的同意和认可,如果政府辜负了人民的委托及授权,人民则有权利更换或推翻它。在现实的政治生活中,人民主权理论具体表现为公民可以通过自己选举的代表或通过直接创制与复决等方式制定或修改法律、选择和监督政府。在西方法哲学史上,利本尔、霍布斯、卢梭等人的法哲学思想中均蕴含着人民主权观念及理论。如利本尔就最早阐述了人民主权思想,他明确指出国家最高权力属于人民,议会和政府的权力是代表性的和有限的,应该受到人民的监督。卢梭则较为完整系统地阐述了人民主权理论,他认为政府是作为主权者的人民的执行人,应该执行人民的意志并受人民监督;政府官员是人民的公仆,人民有权任用和罢免他们。美国民主思想家杰弗逊还把人民主权原则与代议制度结合起来,使人民主权主要表现为人民选择代表参与政治决策和监督政府的权利,并使它与法治和分权原则结合起来。在社会主义国家,人民主权或主权在民的观念和思想同样也被其宪法

---

〔1〕 参见田思源:《论政府责任法制化》,载《清华大学学报(哲学社会科学版)》2006 年第 2 期。

〔2〕 参见周叶中:《宪法》,高等教育出版社、北京大学出版社 2000 年版,第 94 页。

所认可和确认。如我国《宪法》第2条规定："中华人民共和国的一切权力属于人民。"在今天，人民主权或称主权在民已成为各国宪法及法律所普遍确认的基本制度和基本原则。

作为一种法哲学思想及其法律原则，人民主权理论演绎出政府经济失误赔偿责任的内在要求，主要表现在：第一，政府干预社会经济生活权力的来源要求政府应当为其经济立法或决策领域的失误或失职行为负责。首先，政府干预社会经济生活的权力源于人民的授权。既然政府的经济干预权力源于人民，因而人民才是经济干预权力的所有者，而政府只是经济干预权力的受托人，并由此衍生出政府是人民的公仆，政府应当为维护人民的利益负责。其次，与政府经济干预权力的权源相适应，政府经济干预权力不是来自政府本身，而是源于政府的经济干预活动，是政府在干预关乎全局性和整体性的国家经济活动中产生的，因此，一旦政府在经济干预活动中出现立法或决策上的失误，则应当为其违法行为承担诸如政府经济失误赔偿等相关法律责任。第二，政府经济干预权力内容的广泛性和与社会整体利益的密切联系性，决定了建立政府经济失误赔偿责任制的必要性。从广义上说，政府责任的缺失是对经济法及经济法治所维护之社会整体利益的侵害，由于政府也有自身利益，因而为了防止政府利益对社会整体利益的侵蚀，应当从责任制度层面强化对政府的法律规制。在经济法领域，国家干预主体之干预权能的违法行使与社会整体利益密切关联，在现实经济生活中表现为政府过度干预或不干预，而这显然会对社会整体利益造成一定的侵蚀。因此，从抑制政府在经济立法或决策领域的失范行为并进而加强政府经济干预行为之规范化、法治化的角度而言，政府经济失误赔偿等责任制度的建立显得十分必要和迫切。第三，政府经济失误赔偿责任的适用是防止政府权力腐败及救济市场主体合法权益的重要机制。在现代法治社会中，民主的方式主要包括直接民主和间接民主两种，实践中较为多见的是由社会公众选择领导者来行使公共权力的间接民主。在公共权力的行使者与所有者相分离的情况下,由于任何政治权力都具有双重性——在给权力主体带来利益的同时也可能由于人性的复杂性以及权力本身的特性等原因而导致腐败甚至产生权力异化。政府经济失误赔偿责任主要适用于国家干预主体在经济立法或决策领域的违法行为,而政府的经济立法或决策行为一般都属于由社会公众选择领导者来行使经济干预权这一公共权力的间接民主。这就需要设定一套有效的规则来加以有效规制。实践证明,只有从法律责任制度层面加强政府经济干预权力的规范行使,才能在根本上有效防止作为一种公共权力的经济干预权的异化,使政府为自己在经济立法或决策过程中的不当行为而给国家干预受体所造成的损害承担诸如政府经济失误赔偿等相关法律责任,从而建立起一套较为系统的用以维护和救济市场主体合法权益的法律责任机制。总之,从一般法理的角度分析,人民主权理论是政府经济失误赔偿责任得以确立的主要法哲学理论依据之一;依循人民主权理论的基本法理逻辑,可以较好地阐释作为一种法律责任制度的政府经济失误赔偿在经济法上的内在要求。

2. 公共负担平等理论

公共负担平等理论起源于法国,通常被人们视为法国资产阶级革命的胜利成果之一,法国大革命时期颁布的纲领性文件《人权宣言》就在第13条中对公共负担平等原则作出了明确的规定。从这个角度上说,“公共负担”是一个法律术语,而公共负担平等理论则是一个重要的法学或法哲学理论。一般认为,公共负担平等理论的基本要义在于认为国家在任何情况下都应当以平等为基础来为公民设定法律义务。具体来说,政府为了社会公共利益而实施的各种行政行为使一部分人或者个别人承担的义务重于相同情况下的其他人时,国家应设法调整和平衡这种义务不均衡现象,使全体公民和受害者之间的平衡机制得到重新恢复。[1] 由此可见,公共负担平等理论的核心内容是:国家或政府的活动是为社会公共利益而实施的,因而应由社会全体成员平等地分担费用。在此之后,德国学者奥特·玛雅在公共负担平等理论之基础上又延伸和发展出一种被人们所普遍接受的所谓"特别牺牲说"的理论。该理论认为,国家对被征用土地的权利主体的补偿是基于合法的原因而非违法的行为,只是由于国家的征地行为使无义务的特定人为国家付出了特别牺牲,而这种特别牺牲具有个案性质,因而应当本着公平公正的原则,对被征主体受到的一切损失予以补偿,并且该补偿需要由全体公众共同负担,以保证在不损害个体利益的前提下实现社会公共利益。比如,在日本,损失补偿制度就是一种主张从公平负担平等理论的角度就公权力对社会公众所造成之特别损失予以调解并进行财产补偿的责任制度。[2]

从本质上来说,国家干预受体由于国家或政府的经济干预活动而遭受的损失是一种法外负担;根据实质公平正义的一般法理,这一损失理应由国家利用公共资金即全体纳税人交纳的税金实行公共负担。对此,有学者明确指出,公共负担平等理论的特点在于其不把国家赔偿看作一种违法侵权的后果,而是理解为一种公民普遍义务的平衡。[3] 事实证明,国家与政府在理论上可以较为清晰地区分开来,但在实践中却是难分彼此,因为国家职能最终还是要通过立法、行政、司法三种途径来实现。在这个意义上,国家的侵权行为大都是通过政府行为来实施的,而国家应对这种侵权行为承担国家的自己责任。进一步说,无论是直接选举还是间接选举产生的政府都是民主的结果,选民需要对其选出的政府的公共负担责任进行平等负担。这就为政府经济赔偿责任的

[1] 参见王名杨:《法国行政法》,北京大学出版社 2007 年版,第 71 页。
[2] 参见[日]盐野宏:《行政法》,杨建顺译,法律出版社 1999 年版,第 497 页。
[3] 参见胡建森:《国家赔偿法教程》,浙江人民出版社 1994 年版,第 29 页。

确立奠定了法理基础。

上文已经述及,政府经济赔偿责任的实现可以通过积极的金钱或物质赔偿,当然也可以借助消极形式的补偿措施。这同样是公共负担平等理论的应有之义。在经济法领域,以上的消极补偿就具体表现为国家补偿、社会保障、转移支付等一系列法律制度或措施。比如,我国《土地管理法》就对国家补偿制度作出较为详细的规定。正如有学者指出,在交通与土地经济开发领域,如果部分社会成员基于以公共资金为基础的公共开发而享有特别之利益,那么从公共负担平等的角度看其将该部分特别收益返还给公共,同样具有一定的正当性与合理性。[1] 简单地说,公共负担平等理论实质上赋予了特定国家干预受体一些法定的权利,即法律在规定他们有权获得政府经济失误赔偿,尤其是有权获得其中的公共负担平等权利之后,必须要有适当的程序和物质条件来保障这种权利的实现。从物质基础的层面上来说,经济法上这种依据公共负担平等理论而形成的政府经济失误赔偿之消极补偿责任的实现,更多地需要根据国家补偿、社会保障、转移支付等法律制度建立的各种专门资金或基金来加以保障。从程序条件上看,这里的消极责任的具体落实也依赖于行政救济、行政复议、司法救济等程序制度的保障。不过,无论是在理论层面还是在制度领域,我国现行立法都尚未对公共负担平等以及由此引至的政府经济失误赔偿的课题作出比较明确的回应。尽管实践已经存在诸多现实问题,人们也意识到有必要针对国家干预主体的经济决策失误行为进行一定的金钱赔偿或利益返还,而且也试图努力尝试在现有体制和机制框架内下的一些应对措施,但是一套比较完备的关于政府经济失误赔偿的理论体系仍处于探索和挖掘之中。从这个意义上说,公共负担平等理论以及与之

---

〔1〕 参见徐键:《公共负担平等论说的新发展——开发利益的公共还原导论》,载《社会科学研究》2007 年第 5 期。

相关联的其他理论学说所蕴含的基础法理知识，都给我们在经济法语境下认识和理解政府经济失误赔偿责任提供了可资借鉴的法哲学资源。

3. 分配正义与矫正正义理论

在西方法哲学史上，亚里士多德较早论述了分配正义与矫正正义的概念及理论，他认为该理论致力于强调通过在当事人之间实现应填补损害的赔偿来实现分配正义与社会福利的双重目标。[1] 此外，平等主义、功利主义、罗尔斯的正义论、诺齐克的持有正义等理论也都对分配正义的原则及理论作出了阐释与剖析。随着人类社会不断向前发展，新的法律问题层出不穷，尤其是大规模损害事件的发生及接踵而至的损害赔偿诉讼已经对传统法所坚守的分配正义原则及理论形成巨大冲击，如何有效应对这种特征明显的公共风险已成为各国法学理论界及实务界面临的重要问题。对此，英国学者卡罗尔·哈洛则进一步指出，分配正义意味着各方法律主体需要共同"分享一个蛋糕"，[2] 亚里士多德、洛克等法哲学家的正义理论往往关注的是蛋糕和吃蛋糕者，而切蛋糕者的行为就显得不那么重要。由此可见，传统的分配正义理论忽视了国家或政府的行为，经济法中政府的宏观调控行为或市场规制行为对特定国家干预受体造成某种损害而给予赔偿并不是国家的法定责任，而是分配正义理论的应有之义。

矫正正义的概念及理论与分配正义的原则和理论密切相关。传统私法以维护和保障个体利益为基本宗旨，因而国家或政府在私法领域的法律责任之设计更多的是在向分配正义靠拢。而具有公私交融特点

[1] 参见孙大伟：《探寻一种更具解释力的侵权法理论——对矫正正义与经济分析理论的解析》，载《当代法学》2011 年第 2 期。

[2] 参见[英]卡罗尔·哈洛：《国家责任：以侵权法为中心展开》，涂永前、马佳昌译，北京大学出版社 2009 年版，第 13 页。

的现代经济法致力于维护社会整体利益,经济法中的政府经济失误赔偿等责任制度则应当着力为社会资源或财富的分配提供一种矫正主义。在当前,无论是西方还是中国,在公共服务领域,事实上都是以一种集合的形式来分配社会资源的;这种公共服务应当为社会整体利益而存在,而不能仅为个体私益而设计。在经济法的市场规制和宏观调控领域,公共服务的提供起初都遵循分配正义,在这种情况下,国家干预受体受到经济立法或决策失误行为的侵害往往难以获得赔偿,其损失也被认为是理所当然。很显然,这与现代经济法所追求的实质正义、结果公平等理论背道而驰。因此,在经济法中针对国家干预主体之经济立法或决策失误行为而给相关国家干预受体以赔偿,揭示了经济法责任理论及制度的建构需要实现一种由分配正义向矫正正义的转变。矫正正义理论为政府经济失误赔偿责任的确立提供了法理支持。

三、政府经济失误赔偿责任之经济法适用的现实障碍及其克服

在具体的经济法责任制度设计中,如何确保国家干预主体责任的落实迄今为止仍未得到很好的解决。进一步说,政府经济失误赔偿作为一种旨在彰显和体现国家责任原则的经济法责任形式,其最关键的还是如何在经济法实践中加以有效贯彻和落实,从而增强政府经济失误赔偿责任之具体适用性。诚如前文所言,经济法中的政府经济失误赔偿责任在理论上具有正当性和合理性,在现实层面具有必要性和紧迫性。笔者并不否认当下中国有关政府经济失误赔偿之经济法适用面临的艰辛与障碍,但这不是我们在学术研究领域放弃努力的理由。鉴于此,笔者以下通过对政府经济失误赔偿责任之经济法适用的现实障碍及其克服的分析,将致力于使政府经济失误赔偿责任之经济法适用这一命题不至于仅仅是一种学术研究上的“空谈”。

在以往研究中,有一些学者指出政府经济失误赔偿责任之经济法

适用的最大理论障碍在于其主要是针对政府经济决策行为，具有公共利益性、不特定性等特点，且极易被转化为政治问题，司法实践中法院也无能力审查这种政府经济决策行为的内容和结果，因而在我国现阶段实施政府经济失误赔偿的制度条件尚不具备。笔者认为，经济法责任形式的法治化是实现经济法治的终极路径，然而该法治目标的实现，不仅需要理论依据，更需要制度支持。从我国目前的情况看，经济法中国家干预主体适用政府经济失误赔偿责任主要存在以下几个方面的现实障碍：一是中国传统文化的影响。中国传统文化中的“无诉息诉”法观念以及与这种观念相伴随的人们对政府公权力的恐惧心理，事实上阻碍了对政府经济立法或决策行为的司法监控，并最终成为阻碍政府经济失误赔偿在经济法领域的适用的一个重要文化因素。在中国传统文化的影响下，人们对政府经济决策领域的失误行为习惯于保持沉默或者寄望于通过公权力之间的制衡以及追究政治责任、道德责任等方式来解决问题，基本上不会通过司法途径来追究政府因经济决策失误行为而应向社会大众承担的经济失误赔偿。二是体制性因素的影响。目前，我国对于包括经济法中的各种经济决策行为在内的抽象行政行为之违法性的审查主要依赖的是行政复议这种自我矫正方式，很显然，这尚不足以对政府经济干预行为进行有效监督和制约，而要求政府对其经济决策失误行为向国家干预受体承担赔偿责任则更是困难重重。三是立法层面的障碍。在我国现行法律制度框架内，作为一种抽象行政行为的经济立法或决策行为一般不能成为司法审查的对象，这构成了政府经济失误赔偿责任之经济法适用的立法性障碍。针对抽象行政行为能否接受司法审查的问题，有学者则强调应当努力改变现实经济生活中规范性文件违法侵权的现状，因为规范性文件的入讼可以从根本上矫治政府部门通过“以抽象行为之名，行具体行为之实”来达致规避诉讼的侥幸心理。[1] 笔者认为，我国目前仍处于经济转型期，经济法中国家干预主体出于地方保护主义、部门保护主义的立场，通过规范性文件或经济决策的方式滥用经济干预权权力，扩充、保护部门利益或地方利益并进而导致社会整体利益受损的行为和现象仍然比较突出，而现有的政治监督、社会监督等方式运行效果欠佳，尚不能充分保障经济法中国家干预受体理应享有的各种合法权益。因此，通过大力推进我国法律制度体系的全面建设，着力在立法层面修正相关规定，进而克服政府经济失误赔偿责任之经济法适用的立法性障碍，同样十分关键。

为了确保政府经济失误赔偿责任在经济法领域的有效贯彻和适用，在努力克服当下中国有关政府经济失误赔偿责任之经济法适用的现实障碍的基础上，今后的经济法责任理论研究及制度设计可以考虑从以下几个方面入手进行完善。

1. 建立损害补偿基金

在经济法领域，政府的经济立法或决策行为给国家干预受体造成特别损害的，可能产生政府的赔偿责任。换言之，政府主体的治理失当，往往与其立法上的失误或立法性决策的失误有关，因此，当其给他人造成损害时，应当承担一定的立法赔偿责任。在这里，为了排除用纳税人的钱来为政府开脱的嫌疑，政府应当动用何种资金予以赔偿的问题，实属最为关键。对此，有学者提出了一种称为“替代责任”的可行做法，即通过由政府主导并承担最终补救责任的食品安全强制责任保险的方式来替代政府本身承担的食品安全赔偿责任。[2] 笔者认为，尽管这种倡导适用于食品安全治理领域的食品安全强制责任保险对于有效

---

〔1〕 参见胡肖华：《从行政诉讼到宪法诉讼——中国法治建设的瓶颈之治》，载《中国法学》2007年第1期。

〔2〕 具体论述可参见于海纯：《我国食品安全责任强制保险的法律构造研究》，载《中国法学》2015年第3期。

追究经济法中政府的本身责任的确具有一定的示范意义,但从总体上看,该强制保险制度仍只能起补充作用。这是因为,政府经济失误行为造成的损害往往是以一定的社会问题呈现的,因此,从有效弥补此种损害的角度上来说,应当在经济法领域建立损害补偿基金以落实政府本身责任。

一般来说,这类损害补偿基金有的基于社会经济发展的历史经验而对某类行为风险有一定的认知,通常设立于损害结果发生之前,也有的设于特别的事故发生之后,基于对这种行为风险的新认知而设立。设立这类损害补偿基金的主要目的不仅着眼于给受害者以及时救济,更主要的是面向未来,防止国家干预受体因恐惧而减少对某一行业的投入或需求,并进而引发社会问题或影响某一行业的发展。比如,我国环境法领域所提出并倡导建立的环境损害补偿基金,就对保护受害人权益发挥着一定的作用。[1] 再如,美国"9·11 事件"后设立的"9·11 受害者补偿基金";日本福岛第一核电站核泄漏事故发生后设立的"原子能损害赔偿支援基金";等等。通过对国外相关制度和国内实践经验的分析可以看出,经济法中这类损害补偿基金的主要承担者应当设计为全部风险业者,而非仅仅是与政府经济失误行为有明显关联的加害者。因此,这里的损害补偿基金的资金来源应当多样化,参照国外发达国家及国内现有的制度经验来确定基金的来源范围,主要包括政府性的注入资金、特定行业的群体性出资、各种保险赔付以及社会性的公益捐助资金等。其中,政府性的注入资金应占据主导地位,这是因为国家或政府是社会整体利益的代表者,要求其以社会成员公共财富承担社会发展的成本,给社会发展中的特别受害者以补偿也具有合理性。特定行业的群体性出资是另一个重要的资金来源,要鼓励处于风险业者

---

〔1〕 参见尧羽珍:《我国生态环境损害赔偿基金法律制度的构建——以加拿大联邦环境损害赔偿基金为视角》,载《广西政法管理干部学院学报》2017 年第 4 期。

地位的经营者向该类基金注入资金,从而形成共集资金、共担风险的损害补偿制度。社会性的公益捐助资金主要是通过社会上的非企业公益组织或个人公益捐助而形成的资金,其与各种保险赔付一起承担着补充作用。总之,通过建立损害补偿基金来强化和落实政府经济失误赔偿责任的做法,其实质就在于对国家干预受体为社会发展所受之立法性或决策性的特别损害予以补偿。因而,在政府经济失误行为造成的损害中,受到损害的国家干预受体并不需要说明自己的何种权利受到侵害,只要说明自己受到了政府的立法性或决策性行为的特殊损害即可。很显然,这是一种严格责任,因为获得赔偿"与归责于另一人无关"[1],如此也有利于节约诉讼成本。

2. 建立经济行政公益诉讼制度

政府经济失误赔偿责任在经济法领域的落实除了要仰赖深厚的经济法治观念、理念以及相对独立的经济法司法体制外,尤其需要从技术层面找到政府经济失误赔偿责任走入司法程序的现实路径。因此,需要在经济法中明确规定针对国家在市场规制和宏观调控过程中的立法或决策行为的经济行政公益诉讼制度,从而拓宽我国现行公益诉讼制度的适用范围。依据公益诉讼制度的基本原理,如果一定的国家干预受体认为国家在市场规制或宏观调控过程中的立法性或决策性行为对其造成侵害并进而侵犯社会整体经济利益时,可以向法院起诉要求国家干预主体承担赔偿责任。针对国家在市场规制和宏观调控过程中的立法行为的经济行政公益诉讼制度必然首先涉及社会整体经济利益,而公益诉讼的救济内容则必然涉及对相关主体所受损害的金钱或物质赔偿。具体来说,针对国家在市场规制和宏观调控过程中的立法行为的经济行政公益诉讼制度应当着力从以下几个方面入手加以构建:

---

〔1〕 [德]乌尔里希·马格努斯:《社会保障法对侵权法的影响》,李威娜译,中国法制出版社2012年版,第72页。

其一,规定针对国家在市场规制和宏观调控过程中的立法行为的经济行政公益诉权。经济法立法及其他相关立法应当明确规定,国家在市场规制和宏观调控过程中的立法或决策行为对社会整体经济利益造成损害的,特定的公民、社会组织或有关机关具有请求人民法院行使司法审判权以保护社会整体经济利益的权利。

其二,明确起诉主体。从理论上讲,任何组织和个人都有可能提起针对国家在市场规制和宏观调控过程中的立法行为的经济行政公益诉讼,但鉴于此类公益诉讼性质的复杂性,在立法上对起诉主体的身份或资格作出具体的区分或限定,仍属必要。笔者认为,这里的经济行政公益诉讼的起诉主体应当至少包含直接利害关系人、社会公益组织或社会团体、间接利害关系人、特定国家机关四类。比如,我国《全国人民代表大会常务委员会关于授权最高人民检察院在部分地区开展公益诉讼试点工作的决定》中明确的检察机关、《环境保护法》规定的环境保护组织、《消费者权益保护法》授权的消费者组织、《海洋环境保护法》规定的海洋环境监管部门等。再如,英国的法务长官或检察长可以代表社会公众提起相关的公益诉讼。[1] 作为直接或间接利害关系人的个人和组织在根本上具有社会公共利益代表人的资格,扮演着"私方司法部长"的角色;[2]而特定国家机关提起此类经济行政公益诉讼,则更具权威性和公共性。此外,考虑到各类起诉主体在起诉意愿、起诉动机和起诉能力等方面的差异性,我国的司法实践中也可以考虑发挥公益律师在此类经济行政公益诉讼中的作用。

其三,确定具体的审查范围。政府经济失误赔偿之诉与政府经济立法或决策上的失误有关,即请求政府及其相关部门通过一定的形式

---

〔1〕 参见陈婉玲:《经济法责任论》,中国法制出版社2005年版,第512页。

〔2〕 参见[美]伯纳德·施瓦茨:《行政法》,徐炳译,群众出版社1986年版,第420~423页。

和途径来给予社会公众以某种立法性或决策性赔偿。由此可见,这里的经济行政公益诉讼的审查范围,不仅包括具体经济行政行为,而且抽象经济行政行为也应纳入其中。

3. 引入“法庭之友”制度

“法庭之友”制度的历史非常悠久,最早可以追溯到罗马法。《新牛津英语词典》将“法庭之友”定义为“于特殊案件中,为法院提供中立建议之人”。根据《布莱克法律词典》的解释,这里的“法庭之友”应当解释为对法院在司法审判中有疑问的事实或者法律上有争议的观点善意地提醒法院注意或向法院报告的人。“法庭之友”制度作为特殊的司法诉讼习惯,在英美法系国家的诉讼制度中早已存在,但是大多数大陆法系国家并不存在这样一种制度。不过,近年来,在各种国际、区域司法机构乃至一些贸易协定中,“法庭之友”制度的应用渐趋频繁和广泛。由此可见,在“法庭之友”制度下,案件当事人以外的第三人可以通过被称为“法庭之友陈述”的书状向法庭提供与案件相关的背景资料或信息、不为法庭所知的案件事实或法律适用意见等,进而参与到案件审理过程中,并最终影响案件的审判结果。[1]

笔者认为,政府经济失误赔偿责任之经济法适用的关键在于建立起一个行之有效的司法诉讼体制及机制,尤其是上文提到的经济行政公益诉讼制度的建立更迫切需要我们引入“法庭之友”制度,以真正实现对国家干预受体所受损害的补偿或赔偿。在政府经济失误赔偿责任的具体适用特别是司法适用过程中,引入“法庭之友”制度具有重要的理论意义和现实意义。首先,从传统观点看,“法庭之友”制度具有社会

---

〔1〕 更为详细的论述可参见项焱、海静:《“法庭之友”:一种诉讼信息披露机制》,载《法制与社会发展》2017 年第 2 期;项焱、王佳红:《民意表达与程序“输入”——“中国法中心”视角下美国公益诉讼中“法庭之友”制度之审视》,载《浙江社会科学》2016 年第 4 期。

公共利益的表达功能。[1] 法官利用“法庭之友”这一激励机制追求的诉讼过程本身就是在践行社会公共利益。其次,政府经济失误行为的判断具有极强的政策性和技术性,单一的法律判断并不一定能得出合理的结果,需要参考相关领域专业人员的意见才可能得出合乎情理的审判结果,而且也只有权威专家介入并提供意见,才有可能查明案件的性质及真相。最后,“法庭之友”制度的引入有利于确保审判结果的客观性。由于该制度参考了权威专家的意见,因而借助其所形成的审判结果极易获得社会大众的认同,并且它作为一种司法层面的无形力量,还有利于抵御来自政府有关部门的非法干预并有效防止司法不公等现象的滋生。

总之,政府经济失误赔偿责任的有效贯彻和适用不仅依赖于我国现行经济立法的法律责任规范和国家干预主体法律责任规范的有效构建,而且还需要借助于政府经济失误赔偿责任的现实保障机制以及追究政府经济失误赔偿责任的诉讼保障机制来实现。前者要求建立起一种有关国家干预主体的法律责任制约与约束机制,后者要求发展一种以宪法法院和经济行政公益诉讼制度为主要载体的司法保障制度。虽然目前这些制度在我国尚未完全建立起来,但是探讨政府经济失误赔偿责任之经济法适用并非没有现实意义。可以预见,随着我国全面深化改革战略的进一步深化和全面依法治国实践的不断深入,经济法中政府经济失误赔偿责任之适用终将会得到有效落实。

---

〔1〕 参见 Ruben J. Garcia, *A Democratic Theory of Amicus Advocacy*, Florida State University Law Review, Vol. 35:2, p. 324(2008);季金华:《“法庭之友”制度的基础与运行机制——以吴英案为中心的分析》,载《北方法学》2013 年第 2 期。

第二节　问责制的法理与适用

随着全面深化改革以及依法治国进程的不断推进,倡导“可问责政府”并在法律层面确立问责制已经引起了社会各界的高度重视。从既有研究成果来看,尽管问责制之适用在现代社会经济生活的各个领域可能已极为广泛,比如人们时常提及的“人人皆可问责”的基本理念和观念等,但总体上看,问责制这一法律责任制度主要针对的仍然是政府及政府工作人员,即强调对政府追究法律责任、地方政府主要负责人被中央或上级免职以对其问责等。如美国国会 1984 年通过一项法案,规定各州必须在 1986 年以前将合法饮酒的年龄限制提高到 21 岁,否则就会降低他们的联邦公路经费。像这种法律责任承担方式就具有问责的性质。[1] 尤其是近些年来,问责制作为一种法律制度已广泛适用于追究政府及政府工作人员的法律责任,而非仅仅是党政体系内的责任追究。2020 年 7 月 1 日起实施的《公职人员政务处分法》,就在一定程度上表明了作为一种法律责任形式的问责制在我国正逐步趋于法律化、法治化。在当下中国,问责制已经成为一种超越“违法责任”的高级管理机制,它代表着现代社会经济生活条件下“责任”作为一种系统性的制度结构所具有的整合和调节功能。在经济法的具体制度领域,国家干预主体行使经济干预权都可能需要适用问责制。据此,本部分拟在经济法语境下对作为一种法律责任制度或形式的问责制的概念、法理基础以及实践应用等问题作深入探讨。

---

〔1〕 参见[美]加里·贝克、[美]吉蒂·贝克:《生活中的经济学》,薛迪安译,华夏出版社 2003 年版,第 170 页。

一、作为法律责任的问责制——经济法上的观察

1. 问责制的概念界定

从制度演进史的角度来看,问责制的确立与20世纪70年代末80年代初西方世界掀起的发生在政府管理领域内的“新公共管理运动”密切关联。在世界范围内,新公共管理运动这一概念是人们用来描述这场政府管理领域内的改革运动的通行做法,它的兴起伴随着公用事业民营化以及政府管理向第三部门转移的行政改革浪潮以及由此导致的公共权力的行使方式已经发生很大变化的时代背景。在这种时代背景下,传统的公共管理理念以及与违法行为相关联的违法责任都已经难以适应现实社会经济生活的客观需要,“不断增长的公—私联系,包括与非营利部门的社会服务之间的实体联系,导致了部门之间界限的混乱,并且导致进一步区分公共责任和私人责任的困难”。[1] 应当说,这就为旨在面向公共责任、彰显多元机制的问责制度的产生奠定了现实基础,同时也显示出社会实践对于法律制度尤其是法律责任制度的特定要求。

一般认为,问责制是指问责主体对其管辖范围内各级组织和成员承担职责和义务的履行情况,实施并要求其承担否定性后果的一种责任追究制度。依据这一理解,问责制不仅适用于法律体系之内,也适用于法律体系之外,即社会经济生活的各个领域皆可问责。在今天,问责制已经开始更多地用于在法律范畴内对相关责任主体予以追责,且表现为一种严格意义上的法律问责,即问责主体根据相关法律法规及其他规范性法律文件,依照法定程序来追究政府及相关工作人员的特定法律责任甚至是违宪责任的一种法律制度。很显然,本书所讨论的问

[1] See Donald F. Kettl, *Sharing Power: Public Governance and Private Markets*, The Brook-ings Institution, 1993, p. 13.

责制就是在这一层面上展开的。自20世纪90年代以来,通过建立系统、完善的法律问责机制来监督和制约政府及其所属部门的行政权力,预防和惩处政府相关人员的违法违纪行为,成为西方发达国家公共管理创新的重要趋势。在我国,最早适用于党政系统的问责制也已经开始走向法治化的道路,并逐步发展成为一种用以追究政府及其工作人员行为的法律责任制度。具体到经济法领域,由于其责任制度与角色理论密切关联,因而当国家干预主体从事国家经济管理即行使市场规制和宏观调控的具体职权时一旦出现角色错位、越位、缺位等现象,都可能导致对其相关行为予以问责。综上可见,经济法语境下的问责制更为强调现代社会经济生活中不同经济法主体的角色、职权及其义务,并主张施以有效的监督措施,要求经济法主体尤其是国家干预主体就其经济干预活动以及如何履行各种经济干预职权及义务进行披露、解释和证明正当性,若有违背则必将对其进行法律惩罚。

第一,经济法上的问责制不仅针对国家干预主体的违法行为,也针对国家干预主体在经济干预权行使过程中的角色错位、越位、缺位等现象,即经济行政机关及其工作人员行使经济干预职权行为有任何的违法、不当均可问责。由于我国目前的问责制主要应用于党政系统领域,这就造成既有的问责制只是针对党政系统及其内部官员的问责,从而忽视了对其法律责任的追究。因此,要使问责制作为一项完整的制度得以顺利实施且有效运行,就必然离不开法律的支撑。在具体的规范性法律文件中,不仅可以明确问责制的范围以及各项实施程序,还可以以法律特有的强制力来实现和保证问责制的有效运行。在当前我国大力推进全面依法治国的背景下,要使作为法律责任形式或制度的问责制走上科学发展之路,就必须将问责制上升到法治化的层面。目前,依法治国已经成为现代国家的主导治理模式,而政治话语下的问责制度,如我国《关于实行党政领导干部问责的暂行规定》中规定的问责制,就天然具备了法治化的现实根基。[1] 经济法上问责制的构建,需要在既有的党政系统内部实施的相关问责规定的基础上,进一步拓宽问责制的适用范围、明确问责制的实施程序,着力使问责制上升到法律化、常态化、规范化的高度。

第二,在经济法领域,问责制可以是对各级政府及其经济管理机关本身的问责,还可以是对政府及其经济管理机关内部工作人员尤其是主要领导者的问责。经济法以规范和调整关系全局性和整体性的社会经济关系为中心,以国家或政府为主导,相关社会经济关系并没有天然的人格化主体,也没有天然人格化的利益主体。这在经济法的市场规制和宏观调控等领域均有体现,且表现得尤为典型、明显。比如,国有财产属于全民所有,在法律上应当由国家作为所有权人,但实践中其占有、利用、收益和处分等往往都是通过法律或行政拟制的所有权代表人代表国家行使所有权的。因此,要保证国家所有权的存续和有效实现,既需要规制国家本身的国有资产管理行为,也应当规制作为国家之代表的角色扮演人的国有资产管理行为。很明显,这里的关键问题应当在于建立一套包括问责制在内的有效的法律责任机制。

第三,从理论上讲,问责制的实施主体包括同体问责主体和异体问责主体。按照问责主客体之间的关系,问责主体包括同体问责和异体问责两种方式。我国现有的问责制主要适用于党政机关系统内部,属于典型的同体问责,其具体表现为上级党政机关对下级党政机关的问责。异体问责是来自党政系统外部的问责监督,异体问责相较于同体问责,更具有监督与制约的效能。异体问责的主体主要包括民主党派、司法机关、新闻媒体以及社会公众等。

总之,经济法上的问责制是作为国家干预主体的政府及其经济管

---

〔1〕 参见曹鎏:《行政官员问责的法治化研究》,中国法制出版社 2011 年版,第 40 页。

理部门践行责权利统一原则的重要表现。各级政府及其工作人员在行使经济干预权过程由于故意或过失、不履行或不正当履行法定经济职权与职责，贻误国家经济管理工作，损害国家干预受体的合法权益，基于责权利相统一的经济法基本原则和基本精神，势必要承担包括问责制在内的相应的法律责任。

2. 在经济法领域确立问责制的理论意义和现实意义

一直以来，主张部门法应当有其独立法律责任的观点在我国法学界较为盛行。受其影响，经济法应当具有独立法律责任才能成为一个法律部门的思路，曾长期阻碍和制约中国经济法理论尤其是经济法责任理论的发展。事实证明，随着经济法、社会法等新兴法律部门的兴起，那种以法律责任之独立性为标准划分法律部门的观念已经捉襟见肘，严重忽视了责任形式本身的含义。这是因为，法律部门的划分及其"独立性"问题，本来就是主客观结合的产物，[1]传统民事责任、行政责任、刑事责任三大法律责任的分类同样如此。现代社会经济关系呈现立体化、复杂化的演变趋势，包括经济法、社会法等在内的新兴法律部门如果一定要用性质、种类有限的法律责任形式来限定法律部门的种类的话，那么其必将无法囊括现今种类繁多的法律制度，从而会对当下中国的法学研究和法治建设产生一定的负面影响。从本质上看，民法、行政法、刑法等传统法律部门在法律责任形式上存在许多交叉和互通之处。比如，惩罚性违约金、行政罚款、刑事罚金这三种法律责任形式在"成因上具有可分性"，但就"经济实质"而言则很难区分。[2] 因此，传统法理学将法律责任理解为违法责任的观念本身就已经不合常理，而在此基础上将法律责任形式的独特性与法律部门划分相挂钩的做法，则更难以适应现代法律现象及制度的科学发展了。正如有学者指

---

[1] 参见史际春、邓峰：《经济法总论》，法律出版社 1998 年版，第 131 ~ 132 页。

[2] 参见张守文：《经济法责任之拓补》，载《中国法学》2003 年第 4 期。

出的,将责任或法律责任限定于违法责任的思路,在深层次上反映了人们所抱持的一种静态、狭隘的法律观;这种法律观孕育于传统公私对峙时代的法律生态,它主张将法律理解为一种外在于现实社会经济生活的“外生变量”,代表了通过国家公权力的意志对违法行为进行惩戒和制裁的基本理念。不可否认,虽然这种法律观的形式是特定社会背景及特定法律生态环境的必然产物,但这之于社会经济生活实践的发展与演变,却与法律责任没有必然联系。法律是实践的产物,法律的生命力和解释力在根本上取决于其能否有效地回应法治实践发展的需要。经济法作为典型的现代法,其公私交融的特性、维护社会整体利益的宗旨以及实现实质公平正义的理念等最终导致了经济法责任的特殊性或独特性。

一方面,问责制的确立对于推动中国经济法及经济法学研究具有重要理论意义。经济法中各个利益主体之权利和义务的设置一般都依赖于其角色的模拟或配置,这就决定了对国家干预主体之责任的追究需要首先明确其是在行使国民经济管理等经济干预权能,从而使责权利相统一成为经济法最重要的基本原则之一。经济法责任的独特性体现出主观性与客观性的协调统一,这种责任理论及制度的特点使其与问责制高度契合,它超越违法责任的巢穴而具有更加特定的含义,即将责任和法律责任的独立性问题与部门法划分问题相区别,强调经济法领域内国家干预主体在经济干预活动中的任何不当行为都应当接受法律的制裁。通过在经济法视阈下对问责制的研究,可以证明法律责任形式在根本上是各个部门法所通用的,其具有跨法律部门的法理性质,一种法律责任对应于一个部门法的理论逻辑难以成立。因此,经济法视阈下的问责制研究不仅对于我们在法理上重新认识责任和法律责任的属性具有重要理论意义,而且对于在当前社会经济背景下有效追究国家干预主体之经济法责任并进而实现真正意义上的现代经济法治,同样极为有益。

另一方面,问责制在经济法领域的确立还具有重要的实践意义。如上所述,经济法中国家干预主体的责任追究一直是理论和实务中的难点问题。因此,如果仅仅只是以违法性为前提来追究国家干预主体的责任,则必然不利于发挥经济法治建设的实际功效。在当前,正是由于角色义务不清、主体行为的可问责对象不明等原因,转型期背景下我国在市场规制和宏观调控等各个方面出现了诸多问题,相关的法律责任条款无法有效适用。从根本上来说,问责制需要贯穿于国家干预主体行使经济干预权的整个过程,以维护公平自由的经济秩序,切实保障市场主体的合法权益。应当说,这些无一不凸显问责制之于我国经济法治实践的现实意义和价值。

综上所述,问责制作为经济法中用以追究国家干预主体之法律责任的独特责任形式,其确立和适用对于丰富和发展中国经济法及经济法学具有重要理论意义和现实意义,开展与之相关的研究也是我国经济法学界在新时期面临的一项重要任务。

二、问责制的法理意蕴——基于社会契约理论的分析

任何法律现象或制度的生成均以法理为其基本支撑,只有合法、正当的法律制度才能得到人们的普遍遵从和认同。因此,法律责任层面的问责制也并非无中生有,其最根本的理论依据仍是西方法哲学中的社会契约理论。“法理是存在的或潜在的,但不是自显的或自明的。”[1]以下,我们需要借助社会契约理论的基本精神和基本内涵去发现和提炼作为一种法律责任形式的问责制所蕴含的基本法理,从而更有效地指导该责任制度在经济法实践中的应用。

---

〔1〕 邱本:《如何提炼法理?》,载《法制与社会发展》2018 年第 1 期。

一般认为,从历史发展脉络的角度上说,作为一种法律责任形式的问责制是传统私法领域的过失责任原则在当代法治环境下的高级发展和自然延伸,该原则最早为《法国民法典》所确立。但一直以来,这一由《法国民法典》所明确表达的过失责任却未被国人充分、有效落实。客观地讲,当下中国法治环境下的国人从整体上看还普遍缺乏契约精神以及遵守承诺和信用的基本担当,责任意识淡薄的问题仍广泛存在。主观而言,以追求个体私益为目标的市场个体也规避过失责任的适用,他们企图利用当前我国信用监管制度的各种漏洞,来追求一种行为有过失也不必承担责任的结果,从而最终让他人和社会为自己的过失违法行为埋单。21 世纪,特别是 2003 年以来,在我国发生的苏丹红事件、三鹿奶粉事件、福喜事件等食品安全大规模损害事件,即是典型例证。在这里,食品经营者的违法行为却不得不由纳税人埋单以给予受害者一定的补偿,政府以及食品安全监管部门本身可能承担的过失责任并未得到有效追究。由此可见,过失责任原则必须适用于经济法的各个主体,否则何来经济法治的公平与正义。在经济法的具体制度领域,应当大力倡导过失责任的理念及原则,并努力超越过失责任在《法国民法典》中仅指违法责任的局限,主张法律面前人人平等、各个经济法主体可被问责,每个经济法主体都要对自己的行为承担责任,国家、政府、公务人员等也不例外。应当说,这正是经济法上问责制的精髓所在。

作为一种法律责任制度的问责制经历了从私人领域向公共领域的过渡,即在政府及政府内部强调问责的必要性,使问责制成为追究经济法中国家干预主体责任的主要责任形式之一。对于这一点,完全可以借助社会契约理论的基本精神来加以验证,同时也使社会契约理论成为问责制的最根本法理基础。

在西方法哲学史上,作为一种传统思想的社会契约理论为近代西方民主政治存在的正当性与合法性奠定了哲理基础,被人们普遍认为是问责理念及问责制度得以产生和发展的法理逻辑前提。社会契约理论最早由霍布斯、洛克等法哲学家所提出，但较为系统的论述则见于卢梭的《社会契约论》。卢梭运用社会契约理论详细地阐释了政府权力的合法性来源。其所遵循的基本逻辑是：由于人类在进入私有制社会后不可避免地存在个体利益的对立和冲突，因而这必然会使个体的财产、自由乃至生命时常处于无保障的状态；因此，为了消解这种状态，人们需要通过公意约束的方式来保障个体的自由以及应当享有的经济权利，同时通过与国家或政府订立相应的契约，使国家或政府获得管理经济社会的公权力并由此来保证该公意契约的实施。[1] 总体上看，社会契约理论立足于国家公权与人民私权两个基本维度，它的理论视角定位于国家或政府的正当性和合法性这个根本性的问题，以权力与责任、职权与职责、权利和义务等一系列法理要素为基本标准来进行法哲学角度的衡量和评价。进一步说，社会契约的形成在根本上意味着政府在获得合法、正当的公共权力的同时，也必须以契约之内容来规范和约束国家或政府之公权行为，并同时通过国家强制的方式来保证因国家或政府行使公权力所可能引致的特定法律义务与责任。在这个意义上，社会契约理论实则是将包括个人、组织和政府在内的每一个社会主体都理解为扮演特定的角色，享有不同的权利或权力，并同时承担不同的义务或职责，因而为了使这些具有不同角色或身份的社会主体之权利、权力、职权、义务等能够得到普遍遵守，我们必须通过法律手段尤其是法律责任制度或手段来对其加以有效监督。应当说，具有角色责任属性的问责制正是从上述这一有关社会契约理论的基本价值判断出发而塑造的一种专门适用于国家干预主体的经济法责任形式。

总之，社会契约理论在哲学或法哲学的视角合理解释了国家或政

---

〔1〕 参见董向芸、沈亚平：《问责制的理论基础和现实功能》，载《河北大学学报（哲学社会科学版）》2011 年第 4 期。

府权力的来源,是我们在经济法视阈下理解和界定问责制之法理基础的最主要理论资源。它通过"政府—市场"二元框架来系统分析政府责任之基本法理的逻辑,为经济法中国家干预主体责任尤其是问责制的有效实施奠定了法理基础。社会契约理论是一种主要针对公共领域而形成的法哲学思想和理论,它在本质上显示出法律责任制度作为一种系统性的制度约束所具有的现实价值,特别是超越违法责任而对经济社会实践所具有的重大意义。问责制正是经济法始终强调的公共领域与私人领域之交融的理念以及维护社会公共利益或社会整体利益的宗旨之下的责任方式。

三、完善问责制之经济法适用的思考

如前所述,社会契约理论是从"政府—市场"二元框架出发来分析政府责任之基本法理的法哲学思想,也即要保证国家公权力的存续和有效实现,最为关键的是要建立一套行之有效的法律责任机制,从而促进经济法中国家干预主体的角色责任的贯彻和落实。这一基本的价值判断作为问责制存在的法理基础,不仅有助于强化问责制在经济法领域的有效适用,而且对于包括经济法责任制度在内的各种经济法法律制度的制定和完善,同样意义重大。我国的经济法治在整个经济法治系统中的作用日益凸显,但仍存在突出的"刚性不足"的问题,[1]究其根本原因则是有关角色设置和问责方面的法律制度的长期缺位。当前,我国经济法的法律制度日趋健全,《反垄断法》《食品安全法》《预算法》《税收征收管理法》等具体法律的出台或修订已经为问责制研究的发展以及问责制在经济法治实践中的适用带来了诸多机会。以下,笔者将依据问责制的法哲学原理,以经济法中的食品安全法律制度为例

---

〔1〕 参见张守文:《中国经济法治的问题及其改进方向》,载《法制与社会发展》2018年第2期。

来分析和讨论经济法上问责制的适用问题，并在此基础上明确提出完善问责制之经济法适用的具体路径。

1. 问责制与食品安全法律制度的完善

总体上看，我国《食品安全法》所追求和维护的基本价值理念可被定位为一种公共性的食品安全利益，这种利益以食品安全权的法律形式贯穿于《食品安全法》的始终，其所渗透出的社会性、公共性特征型构了食品安全法各项制度、规则的基本向度与整体轮廓，给出了现代法治国家治理食品安全的目标指向与利益诉求。因此，在食品安全的法律治理中，问责制之适用所彰显的角色担当首先要求应当对食品安全治理的抽象代表、具体代表的角色予以界分，并在此基础上加以落实。只有区分并明确界定食品安全治理的抽象代表和具体代表两种不同角色，才能从根本上促进形成一个规范、有序的食品安全治理责任体系，进而使食品安全法中问责制的有效适用和贯彻成为现实。

从我国《食品安全法》的相关规定中看，国务院、地方政府以及接受行政委托或行政权力转移的食品行业协会都有权代表国家履行食品安全法律治理的职责。如《食品安全法》第 5 ~ 7 条规定的中央政府作为食品安全治理系统之主导者的战略性职责、地方政府对本行政区域内的食品安全负总责以及第 9 条强调的食品行业协会的治理职责，等等。在我国《食品安全法》中，国务院、地方政府和食品行业协会实际上各负其责且各有所长，它们各自以不同的角色和方式在推进食品安全治理法治化的进程中发挥作用，而问责制在当中则成了保证食品安全公共权力得以规范、正确运行的法律责任制度平台。食品安全治理的抽象代表是理论层面上的国家，国家不仅要在食品安全治理过程中承担不可或缺的角色，而且还是食品安全治理失败时唯一能对结局负责并承担后果的行动者。正如杰索普所言，面对一个多元共治的治理体系，国家应当承担起“元治理”的角色，因为国家既是治理体系的一个重要组成部分,也是确保治理机制开启、关闭、调整和另行建制的责任承担者。[1] 具体来说,国家主要承担如下食品安全治理职责:提供为各种治理力量所共同遵守的食品安全治理基本规则,确保不同的食品安全治理机制与规制的兼容性;建构供各种食品安全治理主体开展规制决策的制度化平台,以促进形成法治基础上的食品安全社会共治;建立食品安全信息交换与反馈机制,促进不同的治理主体为实现食品安全社会共治目标而在相互依存的关系网络中反思性地修正自身的利益追求和治理实践;在食品安全自我规制或其他规制失灵的情况下,政府还应当依据大陆法系的"辅助性原则"而采取"最后一着"补救措施,以避免各种规制风险的发生;等等。这就表明,国家在相当程度上承担着设计食品安全顶层制度和提出远景设想的治理职责,有时它甚至还需要规制自身。[2] 明确由国家或政府作为食品安全治理的抽象代表,并将其区别于具体的食品安全监管部门以及具有一定行政权力的食品行业协会,有助于避免食品安全规则的制定者与实施者之间发生角色错位的现实可能。食品安全治理的具体代表是国务院及食品安全监管部门、地方政府及食品安全监管部门、具有行政权力的食品行业协会。它们按照《食品安全法》的相关规定,在居于"元规制"或"元治理"位置的抽象国家[3]的全面引导和监督下,正确、合法履行自己的食品安全治理职责。

在我国食品安全法律治理体系中,国务院及食品安全监管部门、地方政府及食品安全监管部门、具有行政权力的食品行业协会等食品安

[1] 参见[英]鲍勃·杰索普:《治理的兴起及其失败的风险:以经济发展为例的论述》,漆燕译,载《国际社会科学杂志(中文版)》1999 年第 1 期。

[2] See Rod Rhodes, *Waves of Governance*, In David Levi-faur ed. , The Oxford Handbook of Governance, Oxford University Press, 2012, p. 9.

[3] See Marian Döhler, *Regulation*, In Mark Bevir ed. , The Sage Handbook of Governance, Sage, 2011, p. 524.

全治理主体,都可问责并应承担说明的责任。比如,地方政府及食品安全监管部门对国务院及食品安全监管部门承担说明责任,国务院对全国人大及其常委会承担说明责任,同时它们都需要对社会公众承担必要的说明责任等。可见,食品安全法律治理体系中的政府及其所属相关部门都是可问责的,应当受有权机关和社会公众的监督,就其干预行为作出相应的解释或说明,并在说明回应的问责过程中接受法律的评判。

那么,食品安全法律治理体系中问责制之经济法适用可能导致哪些不利后果?具体应通过什么途径来加以追究?第一,明确食品安全法律治理体系中问责制的具体实现方式。在食品安全法律关系中,问责制的适用就政府及食品安全监管部门本身而言,其不利后果可能是否决政府的决策、限制经费使用等。英国的问责制实践中即有相关例证。[1] 依据问责制之基本精理,任何具有独立法人资格的食品安全行政部门,均应对以该部门名义从事的食品安全治理行为承担相应的后果责任。[2] 但在具体的实践中,食品安全行政部门的管理行为都是依靠其部门内部的个人来具体实施的,而这使问责制的适用对象也可以包括食品安全行政部门内部的工作人员。正如美国学者所言,“欲使问责有效,责任必须是个人的责任而非组织的责任”。[3] 因此,食品安全法律治理体系中问责制的适用不仅应当表现为食品安全行政部门本身的整体性责任,同时也必须将责任落实到进行具体的食品安全决策并

---

〔1〕 具体论述可参见山东行政学院课题组:《西方国家问责制的理论与实践及对我国的启示》,载《山东行政学院学报》2013 年第 1 期。

〔2〕 参见曹鎏:《美国问责制的基本构成》,载《华东政法大学学报》2013 年第 3 期。

〔3〕 See Dennis F. Thompson, *Political Ethics and Public Office*, Harvard University Press, 1987, p. 65.

实施具体的食品安全治理行为的政府官员身上，如德国的部长问责制，[1]主要领导的引咎辞职、资格剥夺等。第二，通过建立行政公益诉讼制度来强化食品安全法律治理体系中问责制之适用。法律上应当特别允许一定范围内的市场主体就政府在食品安全治理中给广大社会公众造成的损害提起诉讼，鼓励公民关心全社会的食品安全利益，这将有助于食品安全法律治理体系中问责制的确定和落实。唯有如此，探讨食品安全法律治理体系中问责制的实现或适用问题才具有实际意义。

除了《食品安全法》以外，问责制在经济法的其他制度领域也有广泛的运用空间。比如，在我国《反垄断法》中，作为议事协调机构的反垄断指导委员会和作为执法机构的国家市场监管总局就需要依据各自的角色对其反垄断的行为承担说明的责任。再如，宏观调控法领域中存在的宏观调控决策失误也可能引致问责制的适用，即政府及其所属宏观调控部门需要就其宏观调控行为的正当性和合法性接受有权机关和社会公众的问责并承担解释和说明的责任。总之，在政府对经济的市场监管和宏观调控等诸多领域，法律责任范畴中的问责制对中国经济法理论及制度的完善和创新均具有重要意义，它的有效适用也将从根本上助推和深化我国的经济法治建设，从而提升经济法责任理论和制度的科学性。

2. 强化问责制之经济法适用的现实路径

自问责制度产生之日起，问责的内涵和外延就一直处于游离不定之中。一方面，问责承载了社会公众对政府经济公权力实施有效监督和制约的意图和决心；另一方面，问责概念本身的模糊不清又使其必须不断地接受社会经济现实的挑战并作出相应地调整。因此，在经济法中适用问责制必须突破单纯从理论视角对问责内涵和外延进行解析的

---

〔1〕 具体论述可参见展鹏贺：《德国部长问责制的构成及其实现方式》，载《行政法学研究》2017 年第 3 期。

樊篱,还应当通过剖析并回应经济法治实践中的各种可能涉及问责的经济法律关系背后所隐藏的共通性问题来解读问责制之经济法适用的基本面向。问责制之经济法适用的基本面向涉及多方面内容,如对谁问责、谁来问责、问责事由或情形、如何问责等。据此,笔者将主要从以下三个方面来对强化问责制之经济法适用的现实路径问题进行系统思考,具体包括:

第一,明确问责制之经济法适用的具体情形。简单地讲,问责情形旨在解决“问什么”的问题。在经济法领域,问责制所具有的以维护社会整体利益和实现实质公平正义为依归的根本宗旨,决定了经济法中问责制的适用情形必须回应现实社会经济生活的复杂性与灵活性的基本特征。鉴于现代社会经济关系构成的复杂性和立体化,社会公众对问责的期待难以实现完全精确的整合与诠释,毕竟经济法的各个具体制度领域基于各自的立场和需求可能会对不同的政府经济管理机关产生不同的问责需求。因此,期望在理论上实现对经济法中问责制之适用情形彻底的且一成不变的归纳和总结,其实是不现实的。结合问责制的基本原理,借鉴国内外有关问责制研究和实践的有益经验,可以大致归纳出问责制之经济法适用的具体情形。在经济法中,适用问责制的情形大体上可理解为政府经济干预失职、失当、失范等方面的责任。根据相关法律、法规及政策性文件,经济法中问责情形的设定大致可归结为两大类:一是政府在经济干预活动中实施违法、违规或违令行为的;二是政府在经济干预活动中具有失当或不合理行为的。问责情形适用的对象可以是政府及其相关经济管理部门本身,也可以是政府内部的领导干部、行政负责人或其他工作人员。

第二,拓展问责制之经济法适用的具体方式。就经济法中的政府主体而言,问责制的适用对象同时包括组织体意义上的政府及其所属经济管理部门本身和政府内部工作人员。就政府及其所属经济管理部门本身而言,我国经济法治实践中存在的行政约谈制度、责任清单制度等就在一定程度上具有问责的属性。比如,通过实施行政约谈制度,能够对地方政府及所属部门的经济干预行为起到警告和督促的作用,并限令其在一定期限内整改,从而体现和发挥问责的效应。[1] 责任清单制度的实施则是我国政府深化经济管理体制改革的创新举措,被人们认为是经济管理机关践行"责任政府"和"法治政府"理念的集中体现,是现代市场经济国家在法律责任层面探索突破传统问责制之体制困境而致力于构建科学、有效的问责机制的制度性回应。[2] 至于适用于政府内部工作人员的问责制之具体形式,则可以是传统的民事责任、行政责任和刑事责任,也可以是具有问责性质的引咎辞职、资格剥夺等其他责任形式。需要说明的是,由于要求政府经济管理部门作为一个整体来承担问责法律责任的做法在实践中具有一定阻碍,因而许多人倾向于将政府经济管理部门本身的整体责任转化为政府经济管理部门内部的个体责任,因为这无疑将大大降低问责制之经济法适用的难度。对此,笔者认为,尽管组织意义上的问责制之实施困难重重,政府本身的组织责任与政府内部官员个人责任之间的区别是客观存在的,经济法中问责制的适用不能完全以国家干预主体内部工作人员的个体责任来替代国家干预主体本身的组织责任,因为这不仅与经济法责任在本质上是一种角色责任、身份责任、岗位责任的定位不符,而且也不利于中国经济法治的长远发展。经济法中的问责制承载着社会公众对作为国家干预主体的政府经济管理部门的诸多关注和期待,今后研究只有不断发现和提炼更多的能够适用于追究国家干预主体本身的问责制之具

[1] 参见司林波、刘小青、孙菊:《法国生态问责制述评及启示》,载《燕山大学学报(哲学社会科学版)》2017 年第 3 期。

[2] 参见汪金玉:《清单式责任:一种新的问责范式》,载《重庆交通大学学报(社会科学版)》2016 年第 4 期。

体形式,才能有效契合问责制之应有内涵并回应民众对“责任政府”和“法治政府”之现实关切。

第三,健全问责制之经济法适用的相关配套制度和保障措施。尽管问责制在经济法领域的适用呈现不断扩展的趋势,但总体上看,相关的法律配套的制度和措施仍不够完善。比如,市场规制法领域的市场监管部门由于在法律上没有被赋予特定的职权,而且其又受上级市场监管部门和同级政府的双重领导,缺乏一定的独立性和自主性,因而就难以对政府破坏市场秩序的行为依法进行问责。这就说明,要把竞争秩序保护作为对地方政府进行绩效考核的重要指标,从而确保经济法中问责制度的有效实施。此外,现行相关立法并未明确规定针对政府及其所属经济管理部门之经济干预行为而提起的行政公益诉讼制度,这同样为问责制在经济法领域的广泛适用带来了阻碍。因此,应尽快在相关法律法规中明确规定(经济)行政公益诉讼制度,并出台相应的配套实施细则,从而助推问责制之经济法适用的可行性。

此外,问责制之经济法适用还涉及问责主体、问责程序等其他方面的问题,这些都有待于今后学界进一步的深入研究。从这个角度来说,本书对强化问责制之经济法适用的思考仅仅是为问责制度的实施提供了一种基本范式和路径而已。事实上,作为一种经济责任形式的问责制总是在以不断地解决国家经济干预权合法性危机为契机的基础上得到发展和壮大,承载问责制的每一种具体责任形式在运转过程中均展现出其与传统法律责任形式的共通性而又别具经济法责任形式的独特性与综合性,这恰恰实现了对问责制之基本构造从经济法的理论到实践的系统诠释。

第三节 余 论

在经济法责任理论的研究方面,对于国家干预主体责任的研讨还非常不够,而国家干预主体责任理论其实正是经济法责任理论不可或缺的重要组成部分。国家干预主体责任理论作为经济法责任理论的核心命题,其提出和深入研究对于控制国家经济干预公权力、保障干预受体私权利以及维护社会整体经济利益无疑具有重要价值。正因如此,分析经济法理论和实践中已经广泛存在的若干国家干预主体之经济法责任形式的基本内涵,着力提炼和发掘它们当中所蕴含的基础性法理要素,探讨如何强化这些责任形式在经济法领域适用的现实路径,便显得十分必要。

经济法中的国家干预主体责任可能涉及的问题是多方面的,其在理论和实践中的具体形式也需要经济法学界作进一步地探索和发掘,本章的讨论很难一一涉及。即使是对笔者一贯强调的国家干预主体本身责任的探讨,也仅仅关注了政府经济失误赔偿、问责制这两种责任形式,其中仍有许多问题,如政府经济失误赔偿责任的有效落实、组织责任层面上的问责制的实现等重要问题,还需要进行专门、具体的研究。这些问题的存在,实际上也为我国经济法学界完善国家干预主体责任理论和制度指明了具体的发展方向和目标。

以往的经济法的理论研究和实践证明,各种具体的国家干预主体之经济法责任的研究都有极为特殊的重要意义。例如,政府经济失误赔偿责任的提出和确立所产生的社会外部效应是十分巨大的,无论其是否对政府及经济管理机关本身产生实质上的约束力,都会对经济法中国家经济干预权的正常运行带来一定的促进作用。再如,问责制作为防止政府滥用权力的责任控制机制,其实施和运行自然也会对政府经济管理体制改革的发展产生一定的影响。如果能够在法律上很好解决政府经济失误赔偿责任和问责制的适用问题,就会有助于形成行之有效的经济法责任理论和制度,从而助推实现经济法视阈下政府与市场关系的有效调整,而这些对于未来中国经济法及经济法治的发展恰恰是至关重要的。因此,选择若干具体的国家干预主体之经济法责任形式进行典型化和类型化研究非常重要。这些研究不仅可以大大推动新时代经济法基础理论的创新研究,而且还极有可能在一个更为广阔的领域去抒写各部门法学之法律责任理论研究的新篇章。

第四章

国家干预受体责任的法理及其经济法适用

前文已经述及,国家干预受体即市场主体的经济法责任是国家干预受体在经济活动中违反经济法义务而必须承担的法律后果。对国家干预受体责任之特殊性的分析表明,经济法中能够适用于市场主体的各种独特责任承担方式呈现一种社会化的特征。如目前受到较多关注的纳税信息公告、黑名单等制度就体现了这一点。在经济法领域,国家干预受体责任所具有的社会性特征启示我们,既要看到那些适用于市场主体的具体责任承担方式与传统法律责任承担方式之间存在的必然联系,又要看到其超越传统部门法责任理论而具有的特异性。为了进一步说明这些问题,本章将主要从部门法理学的角度,以经济法实践中已较为成熟的超额赔偿责任和产品召回责任为例,对现行立法中规定的这两种国家干预受体责任形式进行典型化分析或类型化研究,从而阐释和揭示这些责任形式所蕴含的基础性法理要素,同时探讨与之相关联的这些国家干预受体责任之经济法适用的问题。

第一节 超额赔偿责任的法理与适用

超额赔偿在目前法学界被统称为惩罚性赔偿，在世界各国的相关法律法规中普遍存在，它是指由法院依据相关法律法规作出的赔偿金额高于受害人实际损失的赔偿。一般认为，惩罚性赔偿责任制度的设立初衷在于在对受害人实际损失进行弥补之际，对违法者进行处罚以防止其重犯，同时也达到震慑他人的法律目的。尽管存在一些不同看法，但多数学者都认为惩罚性赔偿制度最早起源于英美法系，其通过1763年英国法官Lord Camden在Huckle v. Money一案的判决以及美国在1784年的Genay v. Norris一案的判决得以最终确立。

从既有研究中看，对于超额赔偿的探讨主要呈现两种研究路径：一是民法的研究路径，即将超额赔偿视为一种民事责任形式，主要强调其惩罚功能，一般称作惩罚性赔偿；二是经济法的研究路径，即将超额赔偿视为一种经济法责任形式，主要强调其激励功能，也可以称为多倍赔偿。在民法学语境中，作为民事责任形式的超额赔偿常常被理解为是私法公法化的产物，并据此形成了若干在“惩罚性赔偿”这一概念下展开的系统研究；而经济法学者则认为这种责任形式兼顾公法和私法的属性，其在本质上已完全脱离民事责任的巢穴，属于经济法领域的特有责任形式，有不少的研究成果可以证明这一点。笔者的基本观点是，超额赔偿虽然最早形成于私法领域并被冠以“惩罚性赔偿”的称谓，但该责任制度经过多年发展，目前已广泛适用于消费者保护法、劳动法、环境法等新兴法律领域，其运行功能也不再仅仅局限于惩罚违法主体，而是更多地具有维护社会公共利益的目的。有学者在私法语境下开展的相关研究表明，如果惩罚性的超额或多倍赔偿是基于保护社会公共利益的需要设立,那么就因其公法性而不同于私法性的“惩罚性赔偿”;如果惩罚性的超额或多倍赔偿是基于保护个人利益的需要设立,则与私法领域中的“惩罚性赔偿”同质。[1] 鉴于此,笔者将首先通过考察超额赔偿制度的发展与演变过程来发现其内涵和适用范围的新变化,其次对超额赔偿责任的法理进行重点分析,以揭示超额赔偿责任在经济法中的内在规定性,最后明确超额赔偿责任之经济法适用可能遇到的各种问题。

一、超额赔偿责任制度的发展与演变

1. 超额赔偿责任之含义及其适用范围的变化

作为一种法律责任形式的超额赔偿,其在私法领域的产生可谓源远流长。据考证,18 世纪的英美法中规定的超额赔偿即惩罚性赔偿主要限定在诽谤、诱奸、恶意攻击、诬告等法律纠纷中。这一责任制度在当时得以产生的根本原因在于,既有赔偿责任制度无法实现对受害人之精神损失的补偿,因而需要通过创设超额赔偿以实现在对受害人之物质损失加以赔偿的同时,也对受害人之精神损失予以量化或物化,给予与受害人所受到的实际物质损失同等的金钱赔偿。很显然,最初的超额赔偿制度已与今日之超额赔偿制度存在诸多差异。以美国为例,其超额赔偿责任即经历了从对欺侮以及羞辱等的惩罚到对权利滥用的惩罚再到向产品责任以及商业侵权领域扩张三个阶段。[2] 从大陆法系国家的情况看,其超额赔偿责任在今天也呈现逐步扩大适用的趋势,如在侵权法领域以及竞争法、消费者保护法、环境法等新兴法律领域引入超额赔偿制度。总之,今日之超额赔偿责任制度在含义、功能、适用范围等方面都已经发生了很大变化,这主要包括:

---

[1] 参见李洁:《惩罚性赔偿制度研究》,武汉大学 2013 年博士学位论文,第 52 ~ 53 页。

[2] 参见刘水林:《消费者公益诉讼中的惩罚性赔偿问题》,载《法学》2019 年第 8 期。

第一,惩罚性作用的强化。最初的超额赔偿实际上就是一种替代性赔偿,是对受害人所受之精神损失以替代性的超额赔偿金来加以实现的赔偿制度,其惩罚作用并不明显。现在的超额赔偿则不仅涉及对受害人所受之全部损失的赔偿,而且还单独设置了一定倍数的超额赔偿金。当今美国司法实践中超额赔偿金的巨额增长,即是一个典型例证。

第二,超额赔偿的适用范围得以扩张。通常认为,超额赔偿制度主要应适用于具有私法属性的侵权纠纷中,如人身权的恶意侵权、知识产权领域的侵权等。但从目前情况看,这一制度被广泛地应用于合同纠纷,并逐步扩展至由民事特别法发展而来的具有公法属性的竞争法、消费者保护法、产品责任法、环境法等新兴法律领域,这些领域违法行为的共性是对社会公共利益造成了损害或者说是对特定群体的利益造成了损害。

第三,目的和功能发生了变化。由于早期的超额赔偿主要适用于传统私法领域的侵权纠纷、合同纠纷等,因而其主要以保护个体私益为目的、以对受害人之损失予以补偿为基本功能。随着时代的发展,无论是西方发达国家还是我国,其超额赔偿都开始转向以利用私人实施机制来保护社会公共利益的目的,以及主要发挥惩罚违法者、威慑和预防违法行为的制度功能。

从经济法的司法实践看,竞争法、消费者保护法、产品责任法、劳动法、环境法等法律领域在早期均是从民商法中分离出来的,这些领域出现的损害一般也都表现为特定主体对不特定多数利益即社会公共利益的损害。因此,在传统私法理念或观念的影响下,超额赔偿制度主要还是为了这些新兴法律领域中受害人个人提起赔偿之诉而创设。

综观两大法系国家的法律制度发展史可以看出,之所以要在受害人的个体赔偿诉讼中确立超额赔偿,其主要原因之一还是考虑到公共执法资源有限,难以有效遏制这些新兴领域的违法行为对社会公共利益造成的大规模损害。此外,这些领域的违法行为受害者人数众多,每个个体所受损害可能极其轻微,再加上诉讼成本过高等问题,很多受害人大都不愿意借助诉讼解决自身纠纷,而对于违法者而言,即便让其承担超额赔偿金或多倍赔偿金,实际上他们仍有可能从违法行为中获得好处或完全有能力承担这种经济代价。由此可见,尽管受害者可以通过提起超额赔偿诉讼获得高于其实际损失的赔偿金,但却远少于违法者从众多受害者中获得的利益,而这也正是虽有超额赔偿制度的威慑,但在消费者保护法、食品安全法等领域中损害消费者利益的行为仍屡禁不止的原因。在经济法、社会法等现代法领域内,超额赔偿的适用确实在一定程度上具有威慑和遏制违法行为的作用和功能,但其在本质上应当主要是为了激励受害者提起诉讼,实现利用私人力量维护和保障社会公共利益的激励机制。换言之,超额赔偿在竞争法、消费者保护法、食品安全法等经济法之具体法律部门领域的适用不仅在于体现它所具有的惩罚功能,更为重要的是,该制度的确立是对受害者实施有益于社会的法律行为的一种报偿和奖励。这是本书在经济法语境下讨论超额赔偿责任问题的基本前提。

2. 超额赔偿责任在我国现行经济法律文本中的体现

在我国现行经济法律文本中,有关超额赔偿或惩罚性赔偿的规定主要体现在以下几个方面:

第一,消费者权益保护法及其相关规定。我国《消费者权益保护法》第55条规定:“经营者提供商品或者服务有欺诈行为的,应当按照消费者的要求增加赔偿其受到的损失,增加赔偿的金额为消费者购买商品的价款或者接受服务的费用的三倍;增加赔偿的金额不足五百元的,为五百元。法律另有规定的,依照其规定。经营者明知商品或者服务存在缺陷,仍然向消费者提供,造成消费者或者其他受害人死亡或者健康严重损害的，受害人有权要求经营者依照本法第四十九条、第五十一条等法律规定赔偿损失，并有权要求所受损失二倍以下的惩罚性赔偿。”我国关于超额赔偿的规定最早出现在1993年颁布的《消费者权益保护法》中，这是该法经历次修正后于2014年实施的有关超额赔偿的最新规定。该规定区分了以下两种情形：一是针对经营者的欺诈行为，消费者有权主张三倍赔偿金，并规定了最低的赔偿金额；二是针对经营者明知商品或服务有缺陷仍提供给消费者而引发消费者或其他受害人死亡或严重人身损害的，受害者除依照有关规定主张赔偿实际损失外，还有权要求所受损失二倍以下的超额赔偿。

第二，食品安全法的规定。我国《食品安全法》第148条规定：“生产不符合食品安全标准的食品或者经营明知是不符合食品安全标准的食品，消费者除要求赔偿损失外，还可以向生产者或者经营者要求支付价款十倍或者损失三倍的赔偿金；增加赔偿的金额不足一千元的，为一千元。但是，食品的标签、说明书存在不影响食品安全且不会对消费者造成误导的瑕疵的除外。”这是食品消费领域适用超额赔偿的特别规定，其惩罚与激励的功能相比其他消费领域有所增强。

第三，劳动合同法的规定。我国《劳动合同法》第82条规定：“用人单位自用工之日起超过一个月不满一年未与劳动者订立书面劳动合同的，应当向劳动者每月支付二倍的工资。用人单位违反本法规定不与劳动者订立无固定期限劳动合同的，自应当订立无固定期限劳动合同之日起向劳动者每月支付二倍的工资”；第87条规定：“用人单位违反本法规定解除或者终止劳动合同的，应当依照本法第四十七条规定的经济补偿标准的二倍向劳动者支付赔偿金”。这是《劳动合同法》针对用人单位侵害劳动者合法权益行为作出的一种惩罚性规定，对于有效维护劳动者权益具有重要意义。

不过需要指出的是，从目前学术界的讨论来看，超额赔偿责任在经济法领域有进一步扩大适用的趋势。比如，美国反垄断立法中就有三倍赔偿的规定，该规定在美国反垄断司法实践中发挥着重要作用；日本也强调在竞争法领域运用符合现代竞争法精神的超额或多倍惩罚制度；我国有学者很早就提出了要在反垄断法律责任的规定方面引入超额或多倍赔偿责任。[1] 因此，这就在一定意义上反映了经济法之具体制度领域在责任制度运用和责任机制创新方面的发展，同时也说明，我们应当更多地从“防患于未然”的角度出发去关注超额赔偿责任在经济法中的广泛适用。总之，以上这些有关超额赔偿责任的规定，是我们在经济法视阈下进行具体的理论分析并进而将其与实证分析相结合的规范基础。

3. 超额赔偿责任的法律属性——经济法视角的解析

当前，超额赔偿责任已经超越传统私法的范畴而逐渐拓展至具有公私交融特点的经济法、社会法等新兴现代法律法域。在经济法领域，对国家干预受体适用超额赔偿责任的根本目的并非要补偿作为个体的消费者或其他市场主体所受到的特定损害，而是在于通过剥夺违法的市场主体如生产者、经营者等所获得的各种非法利益，以达至削弱其经济实力并进而使其无利可图，从而选择放弃继续实施侵害市场秩序和市场主体利益的行为，而且也可以对正在以相同或相似方式实施经济违法行为的市场主体产生法律上的威慑作用，使其放弃非法行为从而减少对社会整体经济利益的大规模侵害。此外，超额赔偿责任所具有的多倍赔偿功能在一定程度上可以起到鼓励诉讼的作用，同时也通过对起诉的市场主体予以特别奖励的方式来助推经济法中公益与私益的协调平衡，从而实现经济法所维护的社会整体经济利益的最大化。

应当说，通过赋予受损害的市场主体以额外利益，鼓励市场主体在

[1] 参见林平：《关于中国建立反垄断法体系的几个基本问题》，载《管理世界》2005 年第 8 期。

惩罚和制裁严重侵害市场秩序行为方面发挥积极作用,借以维护社会整体经济利益、实现实质公平正义,正是经济法中超额赔偿责任设置的目的和主要功能。因此,将超额赔偿责任理解为一种经济法责任形式,更符合超额赔偿责任设置的立法目的和功能,而且也有助于在实践中真正发挥超额赔偿这一经济法责任形式所应具有的制度效应。具体理由如下:

首先,超额赔偿在责任性质上兼具公法责任与私法责任的双重属性,这与经济法的公司交融特性在一定程度上得以契合。超额赔偿责任具有补偿受害者和惩罚施害者的双重功能,将其单一地置于公法或私法的责任体系之中,其实都与公法或私法的基本价值理念不符,必然产生理论逻辑的自相矛盾。将超额赔偿责任理解为一种经济法责任承担方式的原因在于,它不仅能够与经济法的主体、行为、权义、责任等相关理论有效衔接,而且也迎合了具有公司交融特性的经济法在责任制度设计方面的现实要求。中国经济法经过多年的发展,其理论和制度已经趋于成熟和完善,将经济法理解为公法和私法在结构上混合的法域的观点,[1]也为多数人所认同。正如有学者指出的,经济法在性质上既不属于传统公法的范畴,也不属于传统私法的范畴,而是带有两种法律的混合形态特征的法。[2] 因此,超额赔偿责任是经济法中的一种新型责任形式,是经济法之公私交融特性在经济法责任理论及制度层面的具体体现。

其次,超额赔偿责任之设置符合经济法的宗旨。致力于克服市场与政府"双重失灵"的现代经济法是以实现普遍公正为终极目标的部门

---

〔1〕 参见[德]沃尔夫冈·费肯杰:《经济法》(第1卷),张世明等译,中国民主法制出版社2010年版,第34页。

〔2〕 参见[日]丹宗昭信、厚谷襄儿编:《现代经济法入门》,谢次昌译,群众出版社1985年版,第48页。

法,经济法是以社会为本位的法律,维护现实社会经济活动领域的社会整体利益是经济法的根本宗旨。传统私法是以个体为本位的法域,维护和保障个体利益是私法的根本宗旨;公法致力于约束和规范国家公权,它以维护国家的权威和利益为根本宗旨。超额赔偿责任是为现实中损害社会整体利益的违法行为所设置的一种具体的惩罚或制裁措施,其目的在于通过对严重不法行为的惩罚和制裁来维护社会整体利益。司法实践中,虽然超额赔偿责任适用的结果可能是将超额赔偿金归于提起诉讼的个人,但这种超额赔偿金的目的并非对受害人所受损害的补偿,而是对维护社会整体利益的一种鼓励性或激励性报偿。[1]很显然,这一点与传统公法或私法的理念和宗旨不符。进一步说,超额赔偿责任的目的在于通过以维护社会整体经济利益为中介来促进普遍、持续的个体利益最大化的实现,是经济法维护社会整体利益这一根本宗旨在责任制度层面的具体体现。[2]

最后,超额赔偿责任的适用具有促进实现经济法任务的作用。一般认为,现代经济法的基本任务在于克服和校正市场与政府的"双重失灵"。从克服市场失灵的角度上讲,超额赔偿责任之设置在于通过使违法者支付额外赔偿金的方式来减少违法行为对市场经济活动产生的不良影响,其在经济法领域的适用不仅能够使受害者的个体私益得到保障,而且同时也维护了社会整体利益,使其他人免受同样或类似的欺诈、垄断行为的危害。从克服政府失灵的层面上看,超额赔偿责任在本质上是一种私人执法的机制,其在于借助个体的力量来追究违法行为人的法律责任,进而达到制裁和遏制经济违法活动的目的。超额赔偿责任这一私人执法机制不仅可以弥补政府经济执法的缺陷和不足,而

[1] 参见金福海:《论惩罚性赔偿责任的性质》,载《法学论坛》2004年第3期。
[2] 参见徐楠轩、陈乃新:《论惩罚性赔偿——经济法具体责任研究》,载《南华大学学报(社会科学版)》2004年第1期。

且可以打破政府在经济执法领域的垄断局面，从而有助于刺激政府经济管理机关更好地执行经济法的具体法律规定，实现维护和保障社会整体利益的终极目标。

总之，由于经济法以维护社会整体利益或社会公共利益为目的，兼有公法和私法的双重属性，因此超额赔偿是一种经济法责任形式。在公法私法二分思维下，超额赔偿实质上是一种利用私法机制达成公法目的的特殊法律责任制度。[1] 必须指出，以上对超额赔偿责任制度之经济法属性的揭示，有助于经济法责任独立性的证成，同时也在一定程度上表明了超额赔偿责任制度与经济法在性质、宗旨、任务、价值目标等方面所具有的天然的契合点。将超额赔偿责任理解为一种经济法责任形式的论断，是今后在经济法视阈下更好地开展超额赔偿责任研究并在经济法实践中强化超额赔偿责任之适用的基本理论前提。

二、超额赔偿责任的法理分析

作为现代法的经济法、社会法等法律部门自产生之初，就以维护社会公共利益、实现实质公平正义为根本宗旨和使命。这体现在有关超额赔偿责任制度的设计上，则主要表现为我国《消费者权益保护法》《食品安全法》等法律法规中所规定的超额赔偿除了具有一定的惩罚和遏制功能外，就其立法宗旨、立法理念及制度运行实效而言，主要是一种在法律层面激励受害者提起赔偿诉讼的责任制度设计。在我国经济法学研究中，将超额赔偿理解为一种激励性报偿而非补偿或惩罚的观点在学者的著述中早已有之。[2] 经济法学界有关中国式“惩罚性赔偿制

---

〔1〕 参见金福海：《惩罚性赔偿制度研究》，法律出版社 2008 年版，第 57 页。

〔2〕 具体论述可参见刘水林：《论民法的“惩罚性赔偿”与经济法的“激励性报偿”》，载《上海财经大学学报》2009 年第 4 期。

度”的研究表明,从制度设计的初衷和制度运行的实效角度上看,我国《消费者权益保护法》《食品安全法》等经济立法中规定的惩罚性赔偿事实上是一种以奖励消费者诉讼为主而以惩罚、遏制功能为辅的多倍赔偿制度。[1] 在经济法领域,赋予超额赔偿责任以一定惩罚功能体现着法律责任制度对于违法者所具有的威慑作用,也确认着对受害者给予某种报偿性赔偿或激励性规制的意义。同时,经济法中超额赔偿的功能和价值还在于弥补不法行为对社会整体利益的损害,[2] 即社会性损害。这一理解之所以具有一定合理性,主要是因为经济法中的超额或多倍赔偿更多是基于保护社会整体利益而非个体利益的需要而设立。应当说,这与经济法的社会本位理念以及维护实质公平正义的根本目的相吻合。据此,以下通过借鉴激励性报偿理论和社会性损害填补理论的基本原理,对经济法视阈下超额赔偿责任制度所蕴含之法理要素予以解析。

1. 超额赔偿责任与激励性报偿理论

西方法哲学史上的道德报偿理论对于人们在法律上确立“激励性报偿”责任具有重要意义。从道德哲学的角度上说,人们通过自己对道德的思考一般都会达到一个基本的真理,即美德应得幸福,恶行应得惩罚,而无辜的伤害和痛苦应得同情和补偿。这一代表着人类生活经验的法哲学观念,不仅根深蒂固地存在于人们的精神世界中,而且也持续不变地约束着人们的日常生活与实践。在西方,亚当·斯密的道德报偿理论极具代表性。他明确指出,由于基于人类情感的“反应性态度”彰显了人们对于美德的执着追求,因而善有善报的生活秩序原理自然

[1] 参见李友根:《惩罚性赔偿制度的中国模式研究》,载《法制与社会发展》2015 年第 6 期。

[2] 参见肖峰、陈科林:《我国食品安全惩罚性赔偿立法的反思与完善——以经济法义务民事化归责的制度困境为视角》,载《法律科学》2018 年第 2 期。

也揭示了恶行应得惩罚的情感逻辑与实践法则。[1] 应当说，斯密的这一论述，不仅有助于我们理解超额赔偿制度的法哲学意蕴及其有效性的社会环境与条件，而且对于鼓励人们借助私人力量惩治经济生活领域的不法行为并进而推动超额赔偿责任在经济法中的适用，同样至为重要。很显然，道德报偿的命题不只是西方法哲学领域中一种具有高度抽象性的法哲学思想或理念，对当下中国的经济社会而言，要使遵守公认商业道德的市场主体受到法律的保护和社会的尊重，使违法行为人受到法律的制裁和社会的唾弃，也就在于实现"给予其所应得"。这之于经济法责任制度则意味着，我们应当建立起一个包括超额赔偿制度在内的新型经济法责任体系，从而实现真正意义上的实质公平正义。

激励性报偿还与经济学上的激励规制理论存有一定关联。依据经济学的基本理论，规制这一概念意指在市场经济体制背景下，政府基于克服市场失灵的目的，根据有关法律、法规和制度而实施的干预市场主体（主要是经营者和消费者）活动的行为。自 20 世纪 80 年代开始，激励规制理论在经济学领域得到了显著发展，其强调注重通过建立规范有效的规制体系及机制来体现和反映作为规制者的政府和市场主体之间所存在的信息不对称，防止市场主体可能依法采取的"经济对策行为"，从而实现对社会整体利益的保护。由此可见，如果要在经济法领域运用和践行激励规制理论，那么建立若干具有"激励性报偿"性质的超额赔偿责任制度是极为必要的。这是因为，随着社会主义市场经济的不断发展以及经济法律体系的不断完善，尤其是在互联网、大数据的推动下，各种社会经济关系呈现立体式、交叉式的发展，法治对于经济发展的积极作用不能仅是单纯的保护市场主体的交易安全和防控市场主体的违约行为，而应更多地将重心放在防范和控制现实经济活动领

---

〔1〕 参见费尚军：《论亚当·斯密的道德报偿理论》，载《华中科技大学学报（社会科学版）》2013 年第 2 期。

域可能出现的各种大规模损害社会公共利益的事件。激励规制理论启示我们,经济法中的市场规制活动如果过度依赖国家公权力的强制性规制,则必然不能对所有的经济违法行为做到全面追究,而且还会使市场调节机制之作用的发挥空间被大大压缩,从而扼杀市场主体的活力。国家公权力的强制性规制不仅在执法成本、规制效率等方面不如"私人执法",而且政府的市场监管对经济风险的全面防控会因政府和市场之间的信息不对称而更显苍白和无力。正如有学者所言,忽视法治领域中"私人执法"模式或制度所具有的激励功能,使违法行为付出的成本较低甚至逃避法律规制的行为获得更高收益,而守法行为承担风险或维权成本较高,便会形成"扭曲性激励",从而反向增加了公权力监管的成本。[1] 比如,在消费者保护法领域,消费者在因经营者的欺诈行为而提起的诉讼中,会面临举证困难、时间成本、律师费及其他维权费用损失等风险,故若仅对消费者给予经营者给其造成损失相当的赔偿,则必然会大大降低消费者通过司法程序来维护自身合法权益的积极性。

激励性报偿理论在基础性法理层面有效回应了超额赔偿私人诉讼中原告获取损失以外利益的正当性。超额赔偿责任制度是激励性规制理论在经济法及经济法责任方面的体现,代表着一种运用具有鼓励或奖励性质的责任制度来对市场经济活动进行治理的激励性法律规制。在经济法治领域,激励性法律规制可以有效克服社会整体利益和部门利益规制的高成本、不作为等缺陷,给市场及市场主体以更多地自我调节的空间,体现了价值正当性与经济效率性的有机统一。[2] 对此,美国有学者指出,惩罚性赔偿的正当化依据之一就在于使原告在起诉应

---

〔1〕 参见邓宏图:《组织与制度:基于历史主义经济学的逻辑解释》,经济科学出版社2011年版,第137页。

〔2〕 参见岳彩申:《民间借贷的激励性法律规制》,载《中国社会科学》2013年第10期。

受警示的被告时有相当的回报。[1] 这一理论同样为国内主流民法学者所认同。[2] 我国经济法学界的相关研究成果也表明，中国的惩罚性赔偿制度应当是以奖励私人诉讼为主、惩罚遏制功能为辅的多倍赔偿制度。[3] 激励性报偿理论有效回应和解释了超额赔偿私人诉讼中起诉人之所以能够获得高于其所受实际损失的多倍赔偿的法律事实，并从司法效率与经济效益的双重角度，阐释了经济法中超额赔偿责任制度的科学性和优越性。

2. 超额赔偿责任与社会性损害填补理论

依据一般法理，任何赔偿都应当以损害的发生和存在为逻辑起点。因此，经济违法行为造成实质损害是在经济法领域适用超额赔偿的前提。那么，经济法中的超额赔偿是否具有传统法理学理论所强调的对应之损害，或者说经济法中的超额赔偿所"赔偿"的损害是什么？换言之，对被告课以超出其所造成损失的赔偿的直接法理依据是什么？原告获得的多于其所受损失的报偿是否具有正当性基础？由于激励性报偿理论对上述问题并无法理上的直接回应，且有违反正当程序的嫌疑，因而笔者认为，社会性损害填补理论可以作为阐释超额赔偿责任制度之合理性和正当性的理论补充。

在美国立法和司法实践中孕育形成的社会性损害填补理论关涉超额赔偿责任制度的正当性证成，[4] 其对于分析和阐释超额赔偿责任所

---

[1] See Clarence Morris, *Punitive Damages in Tort Cases*, Harvard Law Review, Vol. 44:8, p. 1173(1931).

[2] 具体论述可参见王利明：《惩罚性赔偿研究》，载《中国社会科学》2000 年第 4 期。

[3] 参见李友根：《惩罚性赔偿制度的中国模式研究》，载《法制与社会发展》2015 年第 6 期。

[4] 美国学界关于社会性填补理论的具体阐述可参见 Catherine M. Sharkey, *Punitive Damages as Societal Damages*, Yale Law Journal, Vol. 113:2, 2003, p. 347。相关的一些司法判如 State Farm 案（Campells v. State Farm Mutual Auto-mobile Insurance Company, 840 P. 2d 130, Utah 1992），Morris 案（Philip Morris USA v. Williams, 127 P. 3d 1165, Ore. 2006），等等。

蕴含之法理要素具有重要借鉴意义。社会性损害填补理论的核心命题是,超额赔偿的价值在于填补受害人所受私人损害背后的无形损害,这种损害是一种难以用金钱衡量的社会整体利益的损害,[1]即社会性损害。依据社会性损害填补理论的基本原理,经济法中超额赔偿责任之适用使原告获得其所受损失以外的多倍赔偿,其基本法理逻辑在于经济法中的违法行为具有危害社会整体利益的性质,侵害的是不特定主体的利益,受害者私人作为这一不特定主体的代表可以获得高于其自身所受损害的赔偿,其"超额"的赔偿更多的是对社会性损害的填补。因此,从维护社会整体和实现实质公平正义的角度看,对违法的国家干预受体施以超额赔偿责任恰恰是对经济法之公平观的体现和践行。至于在超额赔偿公益诉讼中,法律规定的有关机关和个人代表其他受害者个体甚至社会公共利益而接受多倍赔偿的部分,则完全可以通过设计配套的法律程序或技术性手段,将超额赔偿金在受害者所受损失与社会公共利益的损失之间进行合理的分割。进一步说,超额赔偿的原告只是作为社会成员的代表享受对于社会性损害的填补,可以通过后续辅助性的技术手段分割这些损害填补,从而使所有社会成员得以共享。[2] 由此可见,经济法中施害者的行为除了造成受害个体自身的损害外,同时也对社会整体利益造成了损害,受害者所获得的超额赔偿的部分,完全可根据社会性损害填补理论,将其理解为对社会性损害的填补。[3]

以上的分析表明,超额赔偿责任是一种具有激励性报偿和社会性损害填补功能的经济法责任形式。一方面,借助超额赔偿责任制度,鼓

---

[1] 参见马新彦、邓冰宁:《论惩罚性赔偿的损害填补功能——以美国侵权法惩罚性赔偿制度为启示的研究》,载《吉林大学社会科学学报》2012 年第 3 期。

[2] 参见马新彦:《内幕交易惩罚性赔偿制度的构建》,载《法学研究》2011 年第 6 期。

[3] 参见孔东菊:《论环境侵权惩罚性赔偿制度的构建——以惩罚性赔偿的社会性损害填补功能为视角》,载《行政与法》2016 年第 2 期。

励私人执法或私人诉讼,就可以形成一张巨大的社会监控网络,甚至可以起到即时监控市场经济秩序的作用。比如,我国最早引入超额赔偿责任制度的《消费者权益保护法》,其根本价值之一就在于借由责任制度层面上的利益导向来鼓励消费者与不法经营者作斗争。〔1〕另一方面,通过超额赔偿责任制度,可以有效填补传统损害赔偿制度难以救济的那部分社会性损害,使经济法中的国家干预受体承担其违法行为的所有成本,从而实现对社会整体利益的保护。总之,经济法中的超额赔偿责任制度主要起激励私人执法的作用,同时也表达着对因经济违法行为而造成的社会整体利益损害的填补。进一步说,超额赔偿责任制度的功能并不仅在于对受害者的赔偿和施害者的惩罚,其更多的是在于通过有效减少不良行为者的利益促使其良性行为,从而维护市场的有序竞争。〔2〕这是超额赔偿责任之经济法适用所应遵循的基本法理。

三、超额赔偿责任在经济法领域的具体适用

1. 超额赔偿责任的适用原则

如上所述,经济法中的超额赔偿主要是一项以激励私人执法的方式来填补对社会整体利益的损害的特殊法律责任制度,是一个具有公私交融属性——将公法在制裁违法行为上的严厉性与私法在执行法律上的灵活性有效嫁接在一起〔3〕——的法律责任制度。由于作为公私交融之法域的经济法欲运用超额赔偿责任制度实现震慑违法经营者的目的必须满足实体法与程序法所规定的一系列严格条件,因而通过私人执法方式实现具有公法性质的威慑目的,违法的经营者会面临两个

---

〔1〕 参见杜称华:《惩罚性赔偿的法理与应用》,武汉大学 2012 年博士学位论文,第 49 页。

〔2〕 参见应飞虎:《知假买假行为适用惩罚性赔偿的思考——基于法经济学和法社会学的视角》,载《中国法学》2004 年第 6 期。

〔3〕 参见朱广新:《惩罚性赔偿制度的演进与适用》,载《中国社会科学》2014 年第 1 期。

制度性风险:一是超额的赔偿责任能轻易地加于违法经营者自身;二是经营者可能因同一违法经营行为而遭受重复追究或多重惩罚。比如,在消费者保护法领域,超额赔偿可以由受害者通过具有私人执法特点的个人诉讼或团体诉讼的形式予以实现,这种私法执法机制相对简便易行,再加上超额的赔偿金对受害者来说具有极大的诱惑性,而且超额赔偿相比于行政罚款或刑事罚金也能够更容易地实现。因此,经济法中的超额赔偿责任制度内涵有三个基本问题:一是在认定超额赔偿责任的过程中,违法经营者是否应当得到必要的程序性保护;二是违法经营者所受之处罚是否与其罪过相当、相称;三是受害人获得超额赔偿金是否会在社会上助长不当得利之风。

经济法中的超额赔偿责任一般是为维护社会整体利益而设,但出于激励受害人积极执行法律并进而使超额赔偿责任制度真正发挥功效的目的,现行立法在形式和实质上作出了由受害人获得或享有超额赔偿金的规定。然而,经济法中超额赔偿责任制度之适用在根本上是通过激励私人执法或填补社会整体利益之损害的方式,来实现对经营者之惩罚与威慑的目的。从这个角度上说,经济法中超额赔偿责任制度的激励私人执法或填补社会整体利益之损害的功能,也可以理解为属于一种附属于惩罚与威慑功能的程序性或工具性功能。[1] 因此,经济法中超额赔偿责任之适用尚需结合是否能够实现对违法经营者之惩罚与威慑的目的来予以分析,即惩罚目的的实现也应作为考量超额赔偿制度适用效果的基本尺度。既然如此,超额赔偿责任之经济法适用,不仅要考虑受害者所获超额赔偿金的多少及其可能产生的消极后果,而且还要考虑经营者所受惩罚的适当性。这主要是因为,违法经营者可能会在受害人个人提起的超额赔偿之诉和消费者协会、检察院等有关

---

〔1〕 See David G. Owen, *A Punitive Damages Over View: Functions, Problems and Reform*, Villanova Law Review, Vol. 39:2, p. 363 -380(1994).

机关提起的超额赔偿公益诉讼中被重复追究责任，再加上其还可能面临被追究行政罚款或刑事罚金的责任。所以说，经济法中的超额赔偿必须严格奉行过罚相当原则，以防止超额赔偿责任制度之滥用。

依循经济法中超额赔偿责任制度之以激励为主、惩罚为辅的功能定位，在经济法领域适用超额赔偿责任时，执法者和司法者不仅要考虑超额赔偿责任制度对于激励私人执法所具有的意义，而且也要关注超额赔偿责任制度的适当性问题。尽管这一点在我国法学界已形成确定认识，但如何从程序法的角度对超额赔偿责任之经济法适用作出必要限制的问题，至今仍未引起立法者的足够重视。[1] 因此，应当如何在实现激励私人执法和填补社会整体利益之损害的同时，按照过罚相当原则从实体法上尽可能减轻制度对于违法经营者所可能产生的不利影响，应成为超额赔偿责任之经济法适用的基本原则。在经济法领域，超额赔偿责任的适用可能是基于商品价格或服务费用的多倍赔偿，也可能是基于受害人所受损失的倍数赔偿；再加上，通过个人诉讼提起超额赔偿请求与消费者协会、检察机关提起消费公益诉讼也可能会同时存在，这些都将涉及超额赔偿适用的适当性问题。除此之外，从防止超额赔偿责任制度滥用的角度上讲，这里还要讨论经济法上的超额赔偿责任与公法上的行政罚款或刑事罚金之间的体系关联性，同时重点分析这些责任在同一违法经营者身上发生重合时的法律适用问题。

2. 超额赔偿责任的适用方法

上文的论述已经表明，经济法中超额赔偿责任的功能主要在于激励私人执法和填补社会整体利益的损害，虽然其同时也具有惩罚与威慑的目的，但总体上看，超额赔偿责任之经济法适用仍须以不造成对违法经营者的过度或不当惩罚为基本原则，以真正契合经济法中超额赔

---

〔1〕 参见黄忠顺：《惩罚性赔偿消费公益诉讼研究》，载《中国法学》2020年第1期。

偿责任作为一种激励性报偿责任和致力于填补社会整体利益之损害的责任形式的法理定位。从既有实践来看,经济法中超额赔偿责任的适用主要涉及两个值得深入思考的问题:一是基于商品价款或服务费用的超额赔偿与基于损失的超额赔偿适用于同一违法经营者时的惩罚适当性;二是通过个人诉讼提起的超额赔偿请求与消费者协会、检察机关提起的消费公益诉讼针对同一违法经营者时的惩罚适当性。以下,笔者以我国《消费者权益保护法》有关超额赔偿责任的规定为例对这两个问题做一重点分析。

首先,基于商品价款或服务费用的超额赔偿与基于损失的超额赔偿适用于同一违法经营者时,应当支持受害人提起能够获得更多赔偿款项的诉讼机制,以体现惩罚适当原则。比如,个人提起的超额赔偿诉讼,若以所受损失为计算基数受害人将获得更多赔偿款项的,法院均应依据惩罚适当原则予以支持。同样地,消费者协会等特定组织提起的超额赔偿诉讼,如果出现上述情况,受害人可以向消费者协会等特定组织申领按照商品价款或服务费用为基数计算出来的超额赔偿金,并就差额部分另行对经营者提起个体诉讼。这是因为,实践中受害人所受损害千差万别,要求消费者协会证明每位消费者所受实际损失并从中计算出平均值显然是不现实的,而消费者协会请求按照商品价款或服务费用的一定倍数来计算超额赔偿金则符合常理,至于它与以所受损失为基数而计算出的超额赔偿金之间的差额,受害人当然可以另行主张权利。如此一来,不仅体现了经济法中超额赔偿责任在激励私人执法和填补社会整体利益之损害方面所具有的独特功能,而且也在一定程度上间接地实现了超额赔偿责任所具有的惩罚与威慑的目的。

其次,通过个人诉讼提起的超额赔偿请求与消费者协会、检察机关提起的消费公益诉讼针对同一违法经营者时,该两种超额赔偿请求权只能选择其一行使。依据诉讼法有关诉权实施理论的一般原理,结合现行立法的有关规定，与诉讼结果存在直接利害关系的当事人的诉讼请求权应当优先于与诉讼结果不存在直接利害关系的当事人。[1] 基于谦抑原则的基本要求，我国现行法律和司法解释也已经明确肯定了消费者协会的诉讼实施权优先于检察机关的诉讼实施权。[2] 因此，尽管在现行立法中受害人、消费者协会、检察机关都享有超额赔偿请求权，但受害人的诉讼实施权优先于消费者协会，而消费者协会的诉讼实施权优先于检察机关。不过，依据惩罚适当原则，同时也考虑到受诉讼效益、机会成本等因素制约的问题，消费者协会、检察机关等特定组织提起的消费公益诉讼比个人诉讼提起的超额赔偿请求将更具有规模效应，更具有有效遏制违法经营者的效果。从这个角度上来说，消费者协会、检察机关等特定组织提起的超额赔偿公益诉讼对于克服通过个人诉讼提起的超额赔偿请求所可能面临的一系列现实障碍具有补充作用。[3]

最后，需要特别指出的是，在基于损失的超额赔偿责任之具体适用中，其损失应当限于实际的财产损害和人身损害，而不包括仅仅造成精神损害的情况。[4] 笔者认为，在只造成精神损害的侵权案件中，尽管该案可能也构成产品或服务欺诈的情形，但由于没有造成实际的财产损害，因此对其超额赔偿金的请求不应予以支持。应当说，这同样也是惩罚适当性理念及原则之于经济法中超额赔偿责任适用的必然要求。

3. 超额赔偿与行政罚款、刑事罚金的协调问题

从立法初衷、责任构成要件以及实施效果等角度看，我国现行立法

〔1〕 参见黄忠顺：《诉讼实施权配置的基本范畴研究》，载《政法论坛》2016 年第 3 期。

〔2〕 参见汪莉、杨学飞：《六个方面完善检察机关提起民事公益诉讼诉前程序》，载《检察日报》2017 年 3 月 20 日，第 3 版。

〔3〕 参见杨会新：《公益诉讼惩罚性赔偿问题研究》，载《比较法研究》2021 年第 4 期。

〔4〕 参见杨立新：《〈消费者权益保护法〉规定惩罚性赔偿责任的成功与不足及完善措施》，载《清华法学》2010 年第 3 期。

中规定的超额赔偿责任制度远不如行政罚款和刑事罚金的力度大,实践中更没有出现“巨额”超额赔偿金的先例。这一点与美国的做法有所不同。美国立法中规定的超额赔偿金通常并不预先设定一定的倍数或者上限,司法实践中超额赔偿金的请求也具有相当大的任意性,与适用范围、处罚数额等都极为有限的“行政罚款”制度相比,其超额赔偿责任所具有的惩罚功能尤为显著。[1] 从我国的情况看,具体的法律责任制度所强调的对于特定违法经营者的惩罚功能事实上主要是由行政罚款或刑事罚金来承担的。经济法实践中,适用超额赔偿责任的案件通常都会面临高额的行政罚款,[2] 如果构成犯罪的,则可能还需要承担高额的刑事罚金。因此,我国经济法中的超额赔偿责任在法律功能层面主要在于填补社会整体利益之损害和激励私人执法,其之于违法经营者的威慑和惩罚功能则更多地依赖于行政罚款和刑事罚金等制度。

针对经营者的特定违法行为,行政罚款、刑事罚金与超额赔偿皆在于通过制度的惩罚功能来实现一般预防与特殊预防的双重目的,需要从总体上把握和衡量这些法律责任制度所具有的威慑与惩罚效果。[3] 因此,与上述的惩罚适当性原则相一致,在经济法中适用超额赔偿责任的同时,也应当兼顾行政罚款、刑事罚金的多少问题,以避免惩罚过度。也就是说,当经营者的同一违法行为同时满足超额赔偿、行政罚款或刑事罚金的责任构成要件时,应注意各种惩罚措施的总体社会效果,既要注重发挥超额赔偿责任的填补社会整体利益之损害以及激励私人执法的功能,又要着力强调行政罚款或刑事罚金所具有的严厉惩罚功能。司法实践中的可行做法是,将超额赔偿与行政罚款或刑事罚金联系起

---

〔1〕 参见苏苗罕:《美国联邦政府监管中的行政罚款制度研究》,载《环球法律评论》2012年第3期。

〔2〕 参见赵鹏:《惩罚性赔偿的行政法反思》,载《法学研究》2019年第1期。

〔3〕 参见王承堂:《论惩罚性赔偿与罚金的司法适用关系》,载《法学》2021年第9期。

来进行体系化考量,当超额赔偿金过高时,应当相应地减轻违法经营者的行政罚款或刑事罚金责任;反之,当超额赔偿金过低时,则应当相应地处以较重的行政罚款或刑事罚金,[1]并最终使超额赔偿成为对行政处罚或刑事罚金的一个补充制度。[2]

总之,不能孤立地看待超额赔偿责任制度所具有的激励私人执法、填补社会整体之利益以及惩罚和威慑经营者等法律功能,而应当将其与行政罚款、刑事罚金等责任制度作为一个整体来加以系统分析。如果不能准确认识到经济法中的超额赔偿责任是为补充行政罚款或刑事罚金等公法制度而设置的一种旨在激励私人执法和填补社会整体利益之损害的制度,进而片面强调其惩罚与威慑功能的话,那么,再加上我国立法中较为严厉的行政处罚或刑事罚金,则必然会对经营者的同一违法行为形成过度处罚的趋势,从而影响社会经济秩序的健康发展。所以说,在经济法领域,超额赔偿责任的适用需要特别注重其与行政罚款或行政罚金的协调配合问题,并致力于发挥各种法律责任制度针对经营者的同一违法行为所具有的协同与配合作用。

第二节　产品召回责任的法理与适用

21 世纪以来,作为一种法律责任形式的产品召回责任在经济法领域得到了广泛的适用。比如,2012 年的“丰田汽车召回门”、2019 年的“惠普电脑质量门”等均涉及产品召回责任。相应地,为了规范产品召回责任的法律适用,我国制定了一系列有关产品召回的规范性法律文

---

〔1〕 参见朱广新:《惩罚性赔偿制度的演进与适用》,载《中国社会科学》2014 年第 1 期。

〔2〕 参见孙效敏、张炳:《惩罚性赔偿制度质疑——兼评〈侵权责任法〉第 47 条》,载《法学论坛》2015 年第 2 期。

件，同时也在相关的基本法律中进一步明确了产品召回责任适用的范围等基本问题。这方面的专门性法规包括《缺陷汽车产品召回管理条例》、《食品召回管理规定》（已失效）、《药品召回管理办法》等，《产品质量法》《食品安全法》等基本法律也对产品召回作了相关规定。应当说，这些都为我们清晰了解产品召回责任的基本内涵奠定了基础。本书立足部门法理学的基本立场，从产品召回责任的概念及性质、产品召回责任的法理以及产品召回责任的经济法适用三个方面，展开对作为一种经济法责任形式及制度的产品召回责任的系统解构。

一、产品召回责任制度的界定

1. 产品召回责任制度的内涵

产品召回制度在一些西方国家或地区的相关立法中已有明确规定，其在有关产品召回制度的内涵、具体措施等问题上的认识大致相似。比如，美国《消费者产品安全法》即明确规定，法院可以依法将受理案件中的被诉产品认定为具有刻不容缓的危险的产品，并且允许在必要时采取相应的处理办法及制裁措施，这包括发出强制指令、向社会发出公告、召回、维修或更换产品及退款等，以避免社会大众受到该危险可能带来的损害。再如，加拿大《食品监察署法》的相关规定表明，产品召回意味着经营者在一定情形下需要将已流向市场的违反有关法律规定的产品予以收回或纠正，其具体方式既可以是收回性召回措施，也可以是维修、验证标签、核对以及对需要恢复的产品进行后续恢复等纠正性召回措施。我国相关立法中对产品召回制度也有一些规定。从我国《缺陷汽车产品召回管理条例》、《药品召回管理办法》、《食品召回管理规定》（已失效）和《缺陷消费品召回管理办法》等法律文件的相关规定来看，产品召回是经营者等市场主体按照法律规定，将其生产的缺陷产品在一定条件下予以收回、退换货、校正等具体措施，从而在一定程度上消除或减少产品缺陷引起或可能引起的危险的一种法律制度。由此可见,在国内外现行立法中,产品召回表现为一种产品存在系统性缺陷的法律后果,该制度之实施旨在强调遵循法律的相关规定,在政府的监督和指导下要求经营者对已经售出的存在可能危及他人财产安全和人身安全的缺陷产品采取最大限度预防或消除缺陷产品造成的危害等措施,如发出公告、收回、维修、退换货等。

结合既有立法的相关规定,借鉴国内外相关研究成果,可以总结和归纳出产品召回制度的基本框架:第一,在主体上,产品召回的主体主要包括生产者和召回义务的协助者,其中召回义务的协助者可以是销售者、进口商、代理商、产品召回的主管机关等。第二,具体的召回措施不仅包括修改或补充消费说明、修理、换货,还包括退货、销毁等各种形式和内容。此外,产品召回制度的落实也要遵循法定的程序,这具体包括信息收集、缺陷调查、风险评估和确认、召回过程管理及召回效果评估等内容和环节。在经济法领域,现行立法中规定的产品召回制度对我国经济社会的健康发展以及维护消费者利益具有重要作用。因此,在经济法中完善和强化产品召回制度以及产品召回制度的具体适用,应当成为今后研究的重要课题。

2. 产品召回责任的法律性质

在以往的理论研究中,有关产品召回制度之法律性质的问题一直存在争议。一般认为,有关产品召回制度之法律性质的讨论主要涉及两个方面的问题:一是产品召回究竟是一种法定义务还是法律责任的问题;二是产品召回属于私法、公法抑或经济法范畴的问题。笔者认为,在经济法领域分析和讨论产品召回这一法律现象或制度,需要研究该制度的性质、价值、定位等纯理论问题,因为这本身就是经济法理论研究者的职责所在,尤其是需要对产品召回这一种新型法律制度从法理学和经济法理论的视角加以系统阐释,这对提升经济法对于传统法学理论的创新和贡献具有重要意义,此为其一;其二,对产品召回之法律性质的讨论,不仅有助于丰富和完善经济法实践中已经得到广泛应用的产品召回制度本身,而且对于推动经济法的其他理论和制度领域的创新研究,同样颇为有益。

针对产品召回究竟是一种法定义务还是法律责任的问题,学术界主要存在两种观点:"一种观点认为,产品召回是一种法律责任,因为产品召回是生产者没有履行提供合格产品的义务而应当承担的责任,其与修理、替换等法律责任具有相似性。另一种观点认为,召回产品不是生产者的法律责任,而是一种法定义务,因为产品召回不是生产者违反义务的后果,而是法律直接要求生产者承担的义务。"〔1〕笔者倾向于从法律责任的角度认识和理解产品召回这一法律制度,主要理由包括:第一,从既有立法的相关规定来看,产品召回制度集中体现为一种规则体系,而规则可以是权利和义务的规则,也可以是关于法律责任的规则,当然也可能是两种规则的结合或综合。〔2〕第二,从现代社会背景下法律责任制度的新发展的角度来看,法律责任的具体形式并不一定都表现为一种否定性评价。这是因为,与法律现象和法律制度的不断发展相适应,人们对法律责任制度的设计已不再仅仅只是从主观过错的角度来加以考量,而是更多地着眼于现代技术发展、人类理性有限以及风险分担机制等多种因素对于法律责任构成的影响。在这个意义上,将产品召回设计为一种法律责任,似乎更符合人类社会的发展对于法律责任制度的创新所提出的新要求,也是现代法律责任发展趋势的一个例证。

---

〔1〕 王利明:《关于完善我国缺陷产品召回制度的若干问题》,载《法学家》2008 年第 2 期。

〔2〕 参见李友根:《论产品召回制度的法律责任属性——兼论预防性法律责任的生成》,载《法商研究》2011 年第 6 期。

针对产品召回属于私法、公法抑或经济法范畴的问题，笔者的基本观点是：产品召回作为一种法律责任形式属于经济法范畴。首先，从法律制度变迁的角度看，20 世纪 60 年代以后，社会生活中出现的新现象和新问题已经超出了传统公法和私法的功能覆盖范围，迫切需要一种新制度的诞生，这就为产品召回制度的出现奠定了现实基础。其次，传统法律制度以传统产业为基础，针对的是偶然性的产品质量问题或个别化的损害后果，但产品召回显然针对的是一种因系统性缺陷所引发的普遍性伤害及危险，是传统理论和传统制度的框架所不能完全容纳的。正如有学者指出的，作为一种法律现象和制度的产品召回应受双重法律的调整，如果只承认其公法性质或私法性质，均有失偏颇。[1] 因此，产品召回制度在本质上应视作一种兼具公法和私法属性的法律责任形式，这不仅体现了现代市场经济条件下公私主体共同参与、合作的基本特点，而且也与经济法的公私交融之法域属性在一定程度上相契合。

总之，作为一种法律责任的产品召回责任，既要求责任承担主体主动采取相应措施以防止损害的实际发生或扩大，又要求政府经济管理机关积极参与或采取强制措施，从而体现公私交融的特点。应当说，这种责任既不是传统的公法责任，也不是传统的私法责任，而应作为一种新型的经济法责任形式。

二、产品召回责任的法理——从预防性法律责任的角度分析

从传统法理学的角度分析，法律责任之形成通常基于以下三种事由：一是违反法律义务；二是滥用法律设定的权利；三是滥用权力或超越法律规定行使权力。据此，在传统法律责任体系的范畴内，法律责任

---

〔1〕 参见杨立新、陈璐：《论药品召回义务的性质及其在药品责任体系中的地位》，载《法学》2007 年第 3 期。

设置之目的主要在于进行一种事后惩罚以及在实际损害的范围内对受害者予以补偿性救济。正如有学者指出的,由于传统法律责任在本质上是一种“追溯性责任”,因而其法律责任体系的构建就必须从惩罚与补偿两方面来加以思考。[1] 但是,随着社会经济生活的发展、社会经济关系的变化以及出于应对各种现实的大规模社会经济风险的需要,民法、刑法、行政法等传统部门法都对各自体系内的诸多理论和制度进行了修正和变革,各部门法的法律责任理论和制度自然也不例外。相应地,在法律责任的设置方面,作为现代法的经济法与传统部门法相比具有许多新的特点,经济法领域出现了一些传统法律责任理论体系所无法解释和容纳的新型责任形式。尤其是随着德国学者贝克所言的“风险社会”的到来[2],在市场规制法领域,尽管立法者致力于通过在传统法律责任理论之辐射范围内设计一种更为周全、更为严格的责任来防止和追究作为市场主体的生产经营者的违法责任,并期冀从源头上完全杜绝和消灭现代社会经济生活中可能出现的各种产品缺陷及损害风险,但却终究由于人类经济人理性的有限性、监管成本的巨大性以及其他各种不确定因素的持续增加,使产品可能造成的损害风险不可避免甚至更为严重。[3] 鉴于此,为了应对现实经济生活领域各种产品缺陷导致的社会风险,保障消费者合法权益,就需要在探索和发现大规模风险与实质损害产生之间的关联性的基础上重点挖掘和强化法律责任所具有的风险预防功能,并着力实现以“预防原则”理念为指引来设

---

〔1〕 参见刘水林:《经济法责任体系的二元结构及二重性》,载《政法论坛》2005 年第 2 期。

〔2〕 对于“风险社会”概念及内涵的阐述可参见[德]乌尔里希·贝克:《风险社会》,何博闻译,译林出版社 2004 年版,第 19~25 页。

〔3〕 参见柳建启:《论风险社会法律责任体系的开放性》,载《政法学刊》2017 年第 4 期。

置新的法律责任形式和制度并进而化解各种社会风险的法律目的。[1] 从部门法理学的层面上讲,这种新的法律责任形式或制度是一种“前瞻性责任”,它强调在各类社会经济风险发生前就予以积极地预测,并主张以高度的责任意识来规范现实社会经济生活领域的法治实践行为,以全面体现法律制度尤其是法律责任制度对于市场主体合法权益之救济和预防的双重功能。

依据“预防原则”的基本精理,立足于社会利益本位的现代经济法亟须在责任设置方面引入预防性法律责任,从而实现对大规模风险所致危险的有效预防。申言之,面对不断加剧的社会风险,超越传统法律责任制度的内在局限,探索建立事前预防与事后救济相结合的法律责任机制,已成为现代法律责任制度发展的重要方向。在经济法领域,这种预防性法律责任的典型表现形式就是产品召回责任。依据预防性法律责任的基本法理,经济法上的产品召回责任至少在以下几个方面对传统法律责任理论构成了挑战,并导致法律责任制度出现了一些新的特点:

首先,以社会整体利益作为产品召回责任存在的法益基础。产品召回责任不同于传统合同法律责任,也区别于传统的侵权法律责任,因为其不仅涉及当事人之间的个体利益关系,更为重要的是,它关涉社会整体利益即不特定社会公众的群体利益和公共安全。正如学者们所总结的,产品召回责任在本质上体现了国家对市场经济运行过程中所可能出现的一系列大规模风险的防范和规制,凸显了经济法旨在维护和保障社会整体利益的根本价值。[2] 正因如此,产品召回责任之具体适

---

〔1〕 参见彭飞荣:《风险与法律:食品安全责任的分配如何可能》,载《西南政法大学学报》2008 年第 2 期。

〔2〕 参见阳建勋:《风险社会中的法律责任制度改变:以经济法为中心》,厦门大学出版社 2014 年版,第 33 页。

用不是依据特定当事人的请求权而展开责任追究程序,它的追究程序是在作为社会整体利益之代表的政府及政府相关部门的参与和监管下,由政府及政府相关部门或经营者自己来启动的。应当说,这就在一定程度上表明了产品召回责任在法理上所具有的公私混合的基本特征。

其次,经营者承担产品召回责任的根本依据在于社会风险的分担。传统法律责任理论强调责任承担的基本依据之一在于当事人存在主观上的故意或过失,并主张以此为基础来设计法律责任的具体形式和样态。但作为预防性法律责任的产品召回责任并不是将当事人的主观过错作为其责任追究的构成要件之一,而是将关注点聚焦于社会风险的分配和负担,即它的根本目的在于如何最大限度地分散和化解社会风险,从而有效预防社会风险和损害的发生。从这个意义上讲,产品召回责任作为一种预防性法律责任在法理学层面应属于一种不涉及道德评价的法律责任形式,其一般属于法律的强行性规定,并表现为立法者从法技术层面对社会现实的一种特定的制度设计及安排。

最后,产品召回责任致力于预防未来的损害。我们已经处于风险社会的新阶段,我国现实经济生活中出现的一系列大规模食品、药品安全损害事件,已经引发了理论界和实务界对法律责任机制的重新思考。这些现实生活中出现的惨痛的社会风险事件启示人们,建立在惩罚与补偿功能基础之上的传统法律责任理论及制度已无力应对现代风险社会的挑战,在继续强化法律责任之惩罚与补偿之功能的同时,努力发掘若干具有预防性功能即旨在面向未来而采取一定措施来防止损害之发生和扩大的新型法律责任形式,成为法律责任理论及制度发展的可能目标与方向。“在风险社会中,过去失去了它决定现在的权力,它的位置被未来取代了。"[1]很显然,经济法上的产品召回责任针对的不仅是已经发生的现实损害,也针对尚未发生但可能发生或者说具有一定发生危险的未来损害。

通过以上的分析可知,在基础性法理的层面,以产品召回责任为典型代表的预防性法律责任,不仅强调作为责任主体的经营者需要通过采取一定的措施和手段来预防损害的发生和扩大,而且也强调作为社会整体利益之代表者的政府及政府相关部门依托自身优势而主动进行参与和监管,以彰显经济法之公私交融的法域属性。

三、强化产品召回责任之经济法适用的具体思路

目前,我国关于产品召回的相关立法仍存在诸多难以调和的现实矛盾和基础性法理问题,如立法层级较低、适用范围和召回程序不够明确、监管主体不完备且对违反召回义务的惩治力度过轻等,这致使产品召回责任在经济法实践中难以有效适用或适用效果普遍不佳。为此,应当立足于上述矛盾和问题,着力从一般法理的角度强化产品召回责任在经济法领域的适用,这不仅是经济法中产品召回制度良性发展的现实需要,也是作为一种法律责任的产品召回在基础性法理层面有效回应经济法责任理论及制度之社会性特点的必然要求。

经济法中产品召回责任的有效适用首先需要有一个完备的关于产品召回制度的法律体系。众所周知,我国现行的有关产品召回的专门性立法均为基本法律层面以下的部门规章等规范性法律文件,且这些以部门规章为基本形式的规范性法律文件总体上呈现不协调、不成体系以及位阶过低等特点。在经济法视阈下,基本法律层面的立法中涉及产品召回责任制度的主要有《消费者权益保护法》《产品质量法》《食

[1] [德]乌尔里希·贝克:《风险社会》,何博闻译,译林出版社2004年版,第35页。

品安全法》等,但问题是,这些基本法律都只是简单、粗略地规定了产品召回的概念以及其他一些原则性问题,对于应对纷繁复杂的经济法实践而言不具有很强的可操作性,在具体的经济法案件中也不能很好地解决产品召回责任之法律适用所可能遭遇的相关问题。应当说,正是由于上述我国关于产品召回的立法现状,使产品召回责任在现实经济活动中未能得到有效适用和落实,并进而导致受害人在权益受损后出现无法可依甚至是投诉无门的局面。对此,笔者认为,从强化产品召回责任之经济法适用的角度来讲,有关产品召回的法律法规应当尽快完善,从而为经济法中产品召回责任的具体适用奠定立法基础。申言之,关于产品召回责任的立法不仅涉及如何在现行法律法规中增加相关条文的问题,而且也涉及如何由立法机关制定新的法律法规的问题。本书的基本立场是,由于产品召回是经济法上一种具有预防性特点且具有社会化属性的新型法律责任形式,因而立法层面的完善不能仅仅只是在《产品质量法》《消费者权益保护法》等旧法中增加或细化有关产品召同制度的相关规定,更为重要的是,要在基本法律层面制定“中华人民共和国缺陷产品召回法”,并进而在这一新的基本法律之统摄下针对特定领域的产品召回问题制定具体的单行法律法规。

强化产品召回责任的经济法适用除了要进一步完善现行的有关产品召回的立法体系之外,还要从制度实施、责任适用等特定角度进一步完善立法中有关产品召回的相关规定。从既有研究来看,许多学者都以相关立法为切入点,论证了如何从产品召回的主体、范围、程序、责任等方面来进一步强化产品召回责任之法律适用的问题。[1] 具体来说,结合我国国情,借鉴国内外有关产品召回的理论研究成果和实践经验,可以考虑从以下几个方面入手。

---

〔1〕 参见孙雯:《缺陷产品召回制度比较研究》,载《南京大学法律评论》2003 年第 2 期。

第一,扩大产品召回责任的适用范围。产品召回责任的适用范围一直是我国学者热议的话题之一,总体上看,“适当扩大产品召回责任的覆盖面”是学界的普遍共识,但如何确定该范围仍是理论界和实务界亟待解决的学术难题。笔者认为,随着风险社会的到来,大规模损害事件在我国经济活动领域频繁发生,为了从根本上保障和维护社会整体利益并进而实现实质公平正义,适时扩大产品召回责任的适用范围,已是现实所需、大势所趋。以促进和完善相关立法为出发点,借鉴发达国家关于产品召回实践的先进经验和做法,综合考虑我国经营者的召回责任承受能力、相关政府部门的监管范围以及相关行业的发展水平等方面,可以将适用产品召回责任制度的产品范围主要分为如下三类:必须适用的产品、可以适用的产品以及不适用的产品。其中,“必须适用的产品”一般应当包括那些关系国计民生以及在实践中容易造成大规模损害事件的食品、药品、汽车、儿童玩具等产品;“可以适用的产品”应当重点针对重大基础行业领域和新科技产业领域的产品,如纺织品、初级工业品、计算机软件等;“不适用的产品”则需要由立法者结合产品自身特性、监管难易度以及我国的实际情况等方面予以合理界定。当然,以上三类产品范围的确定均可依据我国社会经济发展的实际变化适时作出必要的调整或修正。只有如此,产品召回作为一种经济法上的法律责任形式,才能对作为国家干预受体的经营者形成一种刚性的法律约束,[1]从而实现对以消费者利益为主要形式的社会整体利益的全面保障。

第二,明确产品召回责任的适用标准。从现行立法看,产品存在损害或可能损害他人人身安全和财产安全的缺陷被认为是产品被召回的主要原因。据此,缺陷产品的认定是产品召回责任适用的前提,缺陷产

---

〔1〕 参见姜肇财等:《缺陷产品召回制度国内外对比研究》,载《标准科学》2019年第4期。

品的认定标准也直接决定着产品召回责任的适用标准。目前,学术界对于缺陷产品的认定基本选择了"不合理危险"的标准,我国有关产品召回的相关立法也认可了这一标准。那么,什么是"不合理危险"?既有的法律法规并未作出明确规定。笔者认为,为了更好地在实践中适用产品召回责任,就需要合理界定"不合理危险",这当中需要考虑的因素是多方面的,但至少应当包括危险是否为产品之用途和属性所必然导致、危险能否被产品使用者合理预见、危险是否超出了产品使用者的防范能力以及危险是否在现有科学技术条件下无法避免四个方面;然后,再根据这些关于"不合理危险"的判定因素,尝试在经济法实务中制定相应的解释规则及方法,从而使产品召回责任适用的标准更具可操作性和权威性。

第三,明确产品召回责任适用的具体程序。追究经营者的产品召回责任可以通过非诉程序和诉讼程序两种途径来实现。依据现行立法的有关规定,非诉程序主要依赖于经营者主动召回和政府责令召回两种方式进行,而诉讼程序则意味着在不具备启动主动召回和责令召回的情况下由相关当事人通过起诉来启动产品召回。尽管既有立法对这些产品召回责任适用的特定程序也有一些规定,但需要对其从理论和实践操作层面做一些细化。比如,经营者的主动召回虽然更多依赖经营者的自觉性以及主动承担社会责任的意识,但立法仍需对之作出必要的程序限制和约束,以彰显其维护社会整体利益的基本理念。在具体的实施步骤上,主动召回可包含经营者向有关部门主动报告、有关部门进行形式审查和实质审查、经营者配合有关部门制订召回计划、将产品召回的相关信息及召回计划等向社会公布、有关部门监督经营者实施召回计划并在召回计划实施完毕后向政府有关部门提交总结报告、政府有关部门进行评估和验收并向社会公布召回结果等几个阶段和环节。再如,起诉召回是指在经营者不主动按照规定法定程序召回相关产品或有关政府机关没有足够法律依据实施责令召回的情形下，特定主体向人民法院提起诉讼请求召回不安全的产品并经法院生效判决确定召回的方式。[1] 起诉召回作为法院的一种诉讼形式，除将公平正义理念置于重要地位之外，更多强调的是经济法的社会本位理念，其核心在于维护社会整体利益、实现实质公平正义。因此，要不断完善起诉召回的具体程序，实践中可以考虑从起诉主体资格的认定、举证责任的分担、判决的效力确认和执行等方面着手进行。[2] 此外，今后研究还要积极探索产品召回责任适用的特别程序，这主要表现为在危害性极大或风险极为紧迫的情况下，政府有关部门无须进行审查而直接将相关产品进行召回的制度。美国的简易召回程序即是这方面的典型例证。

第四，健全产品召回责任适用的行政保障机制。既有的经济法理论研究和法治实践表明，产品召回责任的追究更多的是通过行政执法程序即非诉程序来实现的，这就为我们在实践中进一步健全产品召回责任适用的行政保障机制提供了理由。笔者认为，产品召回责任适用的行政保障机制应当重点从优化产品召回的监管部门和加强对产品召回的事中事后监管两个方面着手予以完善和健全。首先，要通过建立一个专门的产品召回监管机构，对各个领域的产品召回的实施进程进行管理，对经营者产品召回责任的落实情况予以监督。在社会经济关系日趋复杂化的今天，对产品召回制度及措施进行集中化、专业化管理，将有助于推动经济法视阈下产品召回责任的实现，并有效提升产品召回责任制度的权威性。其次，要健全产品召回的事中事后监管制度。在通过行政执法程序追究经营者的产品召回责任时需要政府监管部门

---

〔1〕 参见李媛：《〈中华人民共和国食品安全法〉释义及实用指南》，中国民主法制出版社2009年版，第237页。

〔2〕 参见徐蓓：《食品起诉召回法律制度研究》，载岳彩申主编：《经济法论坛》第19卷，法律出版社2017年版，第78～80页。

的参与以及相关经营者的主动配合,但实践中有关产品召回制度及措施的具体运行状况,尤其是该制度或措施实施后所欲达成的法律功能和目的是否已经实现,则常常被人们所忽视。上文已经提及,作为一种新型经济法责任形式的产品召回是一种典型的预防性法律责任,它的存在和发展在根本上体现了经济法的社会本位理念,彰显了经济法责任理论及制度的社会性特点。因此,实践中有必要从以下几个方面出发去完善产品召回的事中事后监管制度,从而防止对产品召回责任的追究流于形式。一是对产品召回尤其是经营者的主动召回一律采用严格的审批制,即经营者发现产品有缺陷需要召回时,应当将召回计划报告政府主管部门,然后由政府主管部门对经营者提供的召回计划以及产品存在的风险程度等问题进行综合研判,认定产品确实需要适用召回措施时,再批准该召回计划并通知经营者。二是明确政府行政主管机关在各种产品召回中的调查权和确认权,这对于消费者掌握缺陷产品的危害风险和类型,并有效提升产品召回责任实施的社会化效果,具有重要意义。三是加强对产品召回效果的事后监督。在经济法领域,产品召回责任的追究需要通过政府、经营者和社会大众的共同参与来实现,以体现该责任制度对于社会整体利益的保护。依据现有的法律规定,这种事关产品召回效果的事后监管的重点在于政府主管部门对消费者反馈意见的重视。唯有如此,产品召回责任制度本身所彰显的社会利益本位理念及价值目标才能顺利实现。

第三节　小　结

从既有的理论研究和法治实践看,与国家干预主体责任的具体形式相比,经济法中国家干预受体责任的具体形式相对来讲还是比较多的,并且这些责任形式相对于前面的国家干预主体责任形式而言,其可追究性和可诉性更强,一般能够大量地通过经济法上的诉讼或非诉程序来实现。本书对于经济法中国家干预受体责任的基本问题曾经做过一些简要的分析,指出了经济法中国家干预受体责任的具体形式是较为丰富的,如超额赔偿、资格减免、信用减等、颁发禁止令、产品召回、拆分企业、金融危机责任费等,但限于篇幅以及考虑到学界在经济法责任问题方面业已取得的相关理论共识、经济法责任制度在实践中的发展现状等原因,这里仅仅选取了超额赔偿和产品召回这两种在理论与实践中已较为成熟的责任形式或者说只是以超额赔偿和产品召回两种责任形式为例,着力在一般法理探究及具体适用的层面分别进行重点分析,而对其中的其他国家干预受体责任形式的相关问题并未一一展开论证。从典型性分析的角度来讲,有关超额赔偿责任和产品召回责任之法理和具体适用问题的分析,在整体上已经能够体现经济法中国家干预受体责任的基本特点,并且这些分析所贯穿的论证逻辑及思路是今后开展各种国家干预受体责任问题的理论和实证研究,并进而探讨经济法责任之独立性、特殊性、可追究性等相关命题的方法论基础。

包括国家干预受体责任在内的经济法责任的一般法理及具体适用问题,是经济法责任理论研究中一个无法回避的问题。本章以超额赔偿责任和产品召回责任为例,在对该两种责任问题进行部门法理学视阈下的法理分析的基础上,提出了它们各自在具体的法律适用过程中需要解决的若干问题,并进行了针对性探讨。通过这些探讨不难发现,经济法责任理论确实有其特殊性,经济法中的国家干预受体责任(以超额赔偿责任和产品召回责任为典型代表)在法理层面不仅具备法律责任理论以及制度的一般共性,而且也有其突出的个性;而在探讨超额赔偿责任和产品召回责任之法律适用问题的过程中,也可以发现包括国家干预受体责任在内的经济法责任与其他各类传统法律责任在实质的程序内容上的协同性。应当说,这些都对于今后进一步开展经济法责任的典型性分析和类型化研究,并进而构建起独立、系统、科学的经济法责任理论体系,具有重要价值。

当然,在部门法理学视阈下进行的针对各种具体国家干预受体责任形式的研究所涉及的问题是非常多的,还有很多问题需要进一步探讨,如各种具体责任形式的合法性和正当性问题等。因此,在特定视阈或角度下选择国家干预受体责任的典型形式进行类型化研究,非常重要。这些研究不仅有助于深化经济法责任理论的研究,而且还极可能在法律责任理论及制度的层面,推进实现经济法对法理学的贡献与突破。

第五章

部门法理学视阈中的程序机制变革与经济法责任的追究

前面各章的论述已然表明,经济法责任理论的研究,必须注意责任承担方式与主体结构的关联性,特别是要注意不同经济法主体在责任承担方面所具有的一些特殊性。从法理逻辑的角度上来讲,同这些特殊性密切关联的,还有一个如何追究和落实尤其是如何通过诉讼途径来追究其经济法责任的问题。

一直以来,人们在讨论经济法责任问题时,往往容易将责任承担与责任的追究或实现问题相关联,并由此关注作为国家干预主体的政府本身责任的落实问题。事实上,由于国家干预主体自身的一些特点,如何追究其经济法责任一直是学术界的难点问题,因而有人据此对经济法责任理论的科学性产生了质疑。此外,即使是作为国家干预受体的市场主体,因其所适用的许多经济法责任形式也只能通过非诉程序而非诉讼途径来实现,因而必然会使此类责任在具体实现方式上受到一定的限制,从而对经济法责任理论的研究产生一定影响。因此,要研究经济法的责任理论,就必须立足经济法的程序理论尤其是诉讼程序理论来探讨经济法责任的追究和实现问题,这样才能有一个较为全面、系统的把握。为此,下面拟先从部门法理学的角度,对法律程序机制的变易与经济法程序机制的特殊性进行关联性论证,同时对经济法责任的可诉性进行基础性的法理分析,继而再结合经济法的理论和实践,对经济法中的非程序机制和诉讼程序机制进行具体探讨,经济执法机制、社团罚机制、经济法上的公益诉讼和特别诉讼、经济法审判机构等问题均将一一涉及,并指出它们对于实现经济法责任的有效追究所具有的重要意义和价值。

第一节　部门法理学视阈中的经济法程序机制变革

一、法律程序机制的变易与经济法程序机制的特殊性

在部门法理学的语境下,经济法学者应当努力将经济法理性、经济法规范和经济法机制作为一个整体性问题来进行法哲学研究,并且结合经济法之法理与经济法实施、经济法发展的关系来评判它们。因此,要深入研究经济法责任的追究机制,就必须立足经济法之一般法理和特殊法理并结合经济法实施及经济法发展的特点来发现经济法程序机制的特殊性。

通常认为,程序是指一定的程式展开的具体顺序,它包含规程与次序两层含义,即"事情进行的先后次序"或"按时间先后依次安排的工作步骤";[1]它体现为一个过程,因而又可以具体分为自然性程序和社会性程序。[2] 法律程序则属于一种社会性程序,它是指为保证法律运行结果的实现在法律上予以调整或规定的程序。在既有的法学理论研究中,学者们一般都强调将程序(法)与实体(法)作为一对对应范畴来加

〔1〕 参见关保英:《行政模式转换研究》,中国政法大学出版社 1997 年版,第 267 页。
〔2〕 参见张守文:《经济法理论的重构》,人民出版社 2004 年版,第 532 页。

以看待，并主张辩证地认识程序与实体的关系。这些讨论集中于一点就是，程序（法）一般能够独立运行，而实体（法）只有借助具体的程序（法）才能得以实现。[1]

一直以来，国内外学术界对法律程序的理解是法律程序即诉讼程序，这种狭隘的认识造成了人们对法律意义上的程序问题的误读。众所周知，传统法理学对于法律现象的一种重要分类就是将法律分为实体法和程序法，并由此强调部门法领域中实体法和程序法的严格分离，如民法与民事诉讼法、刑法与刑事诉讼法等。既有研究表明，这一分类的合理性以及在民法、刑法、行政法等传统部门法领域贯彻实体法与程序法之严格分离的观念，已经受到了学界不少学者的质疑。事实上，随着法律制度的不断发展，实体法规范与程序法规范之间的密切关系日益得到了重视，从而引发了人们对法律程序问题的重新审视，这一点在经济法、社会法等现代法领域极为突出。经济法等现代法所涉及的程序是较为复杂的，不能简单地理解为诉讼程序，传统的非诉程序以及经济执法活动中大量存在的非诉程序同样也可能涉及；它不仅包括一些正式的程序，还可能包括一些非正式的程序；等等。这一差异，与经济法、社会法等现代法产生和发展的社会经济环境对于诸多程序的强调是紧密关联的，它在一定程度上引发了人们对法律程序问题的重新审视，并进而导致了现实法律世界中与法律实体制度相对应的法律程序制度的变易。

与传统部门法相比，经济法所涉及的程序是多样化的，其法律程序机制具有一定的特异性。从既有研究看，经济法之法律程序机制的特殊性主要可以从国家主体的干预程序与市场主体的对策程序、诉讼程序与非诉程序、正式程序与非正式程序三个维度或视角来加以考察。

---

〔1〕 参见单飞跃、罗小勇：《经济法程序理念论》，载《湖南大学学报（社会科学版）》2003年第4期。

这不仅体现了经济法上实体规范与程序规范的紧密联系,而且也在结构层面说明了经济法的程序结构与经济法的主体结构、权义结构、责任结构等经济法“二元结构”之间存有一定关联。以下分述之。

第一,干预程序与对策程序。这是依据经济法之干预主体与干预受体“二元结构”对经济法程序类型所作的界分。受经济法之法域属性以及经济法的法律制度发展现状的影响,经济法上占据主导地位的法律程序是国家干预主体的干预程序,而国家干预受体即市场主体的市场对策程序一般则具有辅助、补充作用。经济法中的干预程序主要是一种经济行政执法程序,某些特殊情况下也可能是一种准司法化的程序。[1] 经济法中的对策程序一般需要干预程序的配合才能发挥可操作性,而对策程序的设置也是为了便于干预程序的顺利运行,如经济法上的各种登记、申报及市场准入等制度,都体现了干预程序与对策程序的协同性。由此可见,尽管干预程序在经济法的程序机制中占据主导地位,但对策程序同样不可或缺,尤其在市场规制法领域,干预程序与对策程序是相辅相成的,因为规制目标的实现不仅依赖于干预主体之干预程序及干预行为的运行,而且离不开干预受体之对策程序及对策行为(如经营者的竞争行为)的运行。此外,经济法上还存在一些干预主体和干预受体可以共同适用的特殊性程序,如咨询程序、提供顾问性意见的程序、执法中的和解程序等。[2]

第二,诉讼程序与非诉程序。经济法上的各种程序规范均嵌入了

---

〔1〕 例如,根据日本《关于禁止私人垄断和确保公正交易的法律》之规定,公正交易委员会对垄断行为的处置程序即为“行政审判程序”,也可直称“审判程序”,指的是公正交易委员会在进行行政处分。听取受处分方答辩的同时,为发现事实而进行的事前听取的一种方式,其与法院的审判模式基本相同。参见李国海:《反垄断法实施机制研究》,中国方正出版社 2006 年版,第 271 页。

〔2〕 参见焦海涛:《经济法程序的“二元结构”及其非均衡性》,载《北方法学》2007 年第 6 期。

经济法的各个单行法之中，程序规范与实体规范融为一体，诉讼程序与非诉程序紧密结合，这成了经济法程序机制的又一特色。经济法上诉讼程序与非诉程序的组合，可以有效地满足现代经济社会生活兼顾实质公平和经济效率的现实需求，经济法的各种程序制度在整个经济法体系中的地位和作用日益凸显。经济法中的诉讼程序向来备受学界关注，主要体现为对经济法专有诉讼或经济法公益诉讼等问题的关注和研究。对于经济法诉讼程序的关注，与人们在传统部门法语境下讨论诉讼程序问题的理论逻辑是一致的，即部门法应当有相对独立的诉讼程序或诉讼机制。相对而言，人们对经济法上的非诉程序则关注较少。事实上，在经济法领域，非诉程序往往要多于诉讼程序，并且非诉程序在经济法的程序机制中占据主导地位，这也是经济法不同于传统部门法的一个重要特点。在经济法的实施过程中，许多经济法纠纷的处理都是通过各种非诉程序来解决的，如反垄断法中有垄断执法和解程序，税法上有纳税申报、税收征管等一系列程序，预算法中有预算的编制、审批、调整等程序。就经济法发展的现阶段而言，独立的诉讼程序不是经济法责任追究的唯一途径，相反，应当大力重视非诉程序对于经济法纠纷解决的重要性。在经济法实践中，除应当注重作为非诉程序的干预程序及对策程序之作用的发挥之外，尤其应当促进经济行政管理机关参与的各种纠纷解决程序作用的发挥，甚至从广义上讲，还应发挥行业协会、消费者协会等社会中间层组织在经济法责任追究中的作用，这在消费者保护法领域的各种纠纷解决中已有体现。

第三，正式程序与非正式程序。经济法上的正式程序一般为经济法立法中明确规定的、涉及经济法主体之权义的具体程式或顺序；而经济法中的非正式程序则是法律未明确规定但在经济法实践中客观存在的法律程序。比如，在经济法的立法活动中，法律明确规定的审议程序就是正式程序，而向社会公众征求意见等则可能属于一种非正式程序。

从经济法程序的内部结构看,正式程序与非正式程序的区分同样至关重要,各类程序在经济法实践中均具有独特的作用。这也是经济法在程序机制方面的特殊性。从经济法责任追究的角度来看,不仅要强调正式程序的重要性,也不应忽视一些灵活的非正式程序的作用。这对于保障经济法上相关主体的合法权益并进而建立健全经济法上的各种权益救济机制,具有重要意义。

总之,与民法、刑法、行政法等传统部门法相比,经济法上的程序机制具有诸多特殊之处。比如,在经济法的程序结构中,不仅诉讼程序很重要,而且非诉程序,尤其是干预程序及各种非正式程序,同样至关重要。只有准确认识和理解经济法上各类程序的意义与作用,才能更为全面地把握经济法的程序问题并进而分析和研究经济法责任的追究问题。

二、经济法责任的可诉性问题

在经济法中,调整对象的复杂性造成了责任形式的多样性,除了其他传统法律部门的责任形式在经济法上有所体现以外,更具特色的是,经济法责任还在理论和实务中开创了许多不同于传统部门法的独特责任形式。比如,适用于追究国家干预主体责任的政府经济失误赔偿、问责制等和适用于追究国家干预受体责任的超额赔偿、产品召回、声誉罚等,都是经济法理论和实务中发掘出来的一些难以被三大传统法律责任所纳入的新型责任形式。那么,问题的关键在于,这些新型经济法责任形式如何能够通过相应的司法程序落实?尤其是能否通过独立的诉讼程序予以追究,即经济法责任是否具有可诉性?等等。这是需要我们进一步讨论的问题。

经济法责任的追究不一定都通过诉讼程序表现出来,但相对独立的诉讼程序毕竟是经济法责任实现的重要途径之一,它对于在实践中有效落实经济法主体的各项责任，具有很强的现实必要性。在经济法理论研究中，有关经济法责任可诉性问题以及由此引发的经济法司法化的问题，近年来又再次成了学界的热点问题，并且已有一些学者作出了专门研究。[1] 总体上看，这些研究不仅涉及法院的受案范围、司法机关与其他国家机关之间的分权等问题，而且也涉及公益诉讼或集团诉讼等问题——这被人们视为解决经济法责任可诉性问题的重要途径等。应当说，围绕上述这些问题而展开的相关研究都为我们正确认识经济法责任的可诉性问题提供了理论资源。

从一般法理的角度上讲，经济法的可诉性是指经济法领域发生的各种法律纠纷能够按照一定的程序诉诸相应的审判组织的法律属性。具体来说，经济法的可诉性应当至少包含以下几层含义：第一，经济法的可诉性所针对的对象是在国家干预社会经济活动过程中所发生的特定社会纠纷；第二，经济法的可诉性意味着经济法领域的各种纠纷能够通过一种特定的诉讼机制来加以解决；第三，这种特定的诉讼机制是经济法可诉性实现的司法制度保障，其对于解决现实经济活动中各类经济法纠纷而言是权威、终极的方式和途径。[2] 从上述理解中可以看出，特定诉讼机制的存在对于经济法实现其可诉性具有重要意义，而通过必要的诉讼方式和手段解决经济法纠纷则必须以特定的诉讼程序或机制以及旨在处理和解决经济法纠纷的审判机构的存在为前提。

由于许多众所周知的原因，经济法的可诉性在司法实践中一直备受质疑，这给人们从理论上探讨建构经济法独立的诉讼机制造成了诸多障碍。即便在经济审判庭这一审判机构未被撤销之前，我国司法实

〔1〕 相关探讨如张守文：《经济法司法理论之拓补》，载《法学论坛》2017 年第 5 期；薛克鹏：《经济法司法实施困境及体制创新》，载《法学论坛》2017 年第 5 期。

〔2〕 参见游钰：《论经济法的可诉性及其实现模式》，载漆多俊主编：《经济法论丛》（第 7 卷），中国方正出版社 2003 年版，第 352 ~ 353 页。

践中存在的所谓经济审判庭与经济诉讼机制实际上也与现代经济法的实体内容并不完全相符,现实经济活动中的许多经济法纠纷事实上也难以通过这种经济审判与经济诉讼机制来加以解决。笔者认为,经济法之可诉性备受质疑的原因主要包括几个方面:第一,现行经济法立法中的实体规范存在诸多缺陷。尽管近年来我国制定或修改了大量的经济法法律法规,如《反垄断法》《税收征收管理法》《食品安全法》《反不正当竞争法》《预算法》等。但从总体上看,这些既有的经济法规范对国家干预主体的授权仍旧是较为原则和模糊的,尤其是在宏观调控领域,作为国家干预主体的政府宏观调控机构一旦出现干预不当或干预违法而需要承担责任时,很难通过诉讼的方式来加以解决。第二,独立的或特定的诉讼保障机制尚未建立。一直以来,许多经济法学者都致力于从理论上探讨构建独立的或特定的经济法诉讼体系或机制,其中一个较为契合实际的观点就是主张以公益诉讼为基础来构建经济法的独立诉讼机制即经济公益诉讼。[1] 但事实上,公益诉讼在司法实践中的运行主要集中在民事公益诉讼和行政公益诉讼领域,经济法方面的公益诉讼即所谓"经济公益诉讼"并未建立。此外,反垄断诉讼、纳税人诉讼等特殊的诉讼机制在我国也仍然处于讨论之中,目前尚无较为成熟的理论和实践经验可资借鉴。由于缺乏一个独立或特定的诉讼程序或机制,经济法相关条文之可诉性必然受到影响。第三,专门的司法审判机构长期缺位。我国的司法体制中一直缺乏经济法的审判机构,真正意义上的经济法审判庭事实上从未设立过。经济法的司法化事关经济法的有效实施,经济法的审判机构事关经济法的可诉讼性。目前,我国法院内设机构中已有房地产法庭、环境法庭等各种专门的法庭,但唯独没有经济法法庭,这对人们通过特定的诉讼程序解决各种经济法纠纷造

---

[1] 具体论述可参见颜运秋:《公益经济诉讼:经济法诉讼体系的构建》,法律出版社2008年版,第1~307页。

成了一定的制度障碍。

对于如何解决经济法之可诉性的问题,学者们提供了一些不同的对策或方案,如构建独立的经济法诉讼机制、设立专门或特别的经济法诉讼机制、创设以公益诉讼为基础的经济法诉讼体系等。笔者的基本观点是,对经济法可诉性问题的研究,不仅要关注相关诉讼机制与经济法特性及功能的关联性,而且要关注现代经济法的进一步发展对经济法程序机制尤其是诉讼机制所带来的影响。随着经济法的发展进入新时代,传统的诉讼机制已无法满足解决各种经济法纠纷的现实需要,发展一种与经济法相对应的诉讼体系或诉讼机制则显得尤为重要。因此,无论是构建独立的经济法诉讼机制还是以公益诉讼为基础来建立经济法诉讼体系,甚或是发展各种特别的或专门的诉讼机制,都应当从发展的角度并结合理论和实践中各个方面的因素来综合考虑经济法的可诉性问题。经济法领域涉及的社会经济关系极为复杂且比较特殊,因此,当务之急是建立以公益诉讼为基础的经济法诉讼体系,同时发展各种专门的或特别的经济法诉讼机制,如房地产诉讼、反垄断诉讼,纳税人诉讼等,待现实中的相关条件趋于成熟后,再考虑构建与经济法部门相对应的独立的经济法诉讼机制。此外,对经济法可诉性的理解也不应过于狭隘,可诉性的实现可以包括向法院起诉,也可以包括向政府有关部门进行投诉或反映。这些其实都与经济法的现代性特征是完全契合的,经济法可诉性问题的解决同样应当予以充分考虑。

总之,从如何有效追究经济法责任的角度上看,正确认识和理解经济法的可诉性问题,是应当强调和需要特别关注的重要问题。如果能够客观地分析经济法的可诉性命题,就不仅能够进一步发现经济法责任追究途径的多样化,而且能看到经济法司法化方面的一些具体问题,从而助推新时代经济法基础理论尤其是经济法责任理论的创新发展。

第二节 经济法责任追究的非诉程序机制

在经济法责任的追究问题上,经济法学界一度过于强调建立经济法专有诉讼或特别诉讼机制的思路,而这与经济法的实际即非诉程序在经济法责任实践中的重要地位以及经济法运行方式的特殊性其实并不相符。从经济法制度构成的内在自足性以及经济法制度运行的行政主导性来看,经济法责任的落实往往对非诉程序有着比诉讼程序更为强烈的依赖。现代经济法中许多新型经济法责任形式,如产品召回、声誉罚等,一般都无须通过诉讼方式来加以追究,蕴含在监管机构之经济执法活动中的非诉程序及机制反而扮演着更为重要的角色。正如有学者指出的,公共实施的思路和理念在经济法实施的过程中具有重要地位和作用,它是指国家经济管理机关或其他公共组织通过行使国家经济公权实施经济法律制度并继而追究相关违法主体的经济法责任,其具体表现为经济行政执法活动中的一系列行政监督及处罚措施。[1]因此,在经济法的理论和制度已取得较大发展的今天,强化经济法责任的追究,不能仅仅强调经济法独立诉讼或特别诉讼机制的建立,而应更多地发挥经济法上非诉程序及机制的作用。经济法上非诉程序及机制代表着一种实质司法的立场,与经济法上的相关诉讼程序所彰显的形式司法相对应。从经济法纠纷解决和经济法责任追究的角度上看,这里的非诉程序主要指向于非法院参与的纠纷解决程序或机制,具体包括经济执法机关解决纠纷的程序或机制以及社会中间层组织(如行业协会、消费者协会等社会团体)解决纠纷的程序或机制。尽管经济法上

---

〔1〕 参见赵红梅:《经济法的私人实施与社会实施》,载《中国法学》2014 年第 1 期。

这种执法程序或机制一定程度上具有实质司法的属性,但从根本上看仍属于经济法责任追究的非诉程序,只是这一非诉程序在经济法领域具有一些司法化的色彩。应当认识到,政府经济管理部门以及有关社会中间层组织在经济干预活动中的经济执法机制及社团处罚机制,是经济法责任追究的主要途径之一,它对于强化现实经济活动中各种经济法责任的有效贯彻和落实,具有重要意义和作用。

一、司法化的经济执法机制

司法化的经济执法机制是追究经济法责任的重要途径。在经济法领域,各种诉讼程序并不是解决经济法纠纷或追究经济法责任的唯一途径,甚至也难以成为主要途径。如果仅仅依靠诉讼方式来追究经济法责任,则必然会面临重重障碍。[1] 这主要是因为,一方面,经济法中政府经济管理机关的经济干预权在本质上已由传统国家行政公权扩展至部分司法权。这种经济干预权的扩张性使许多经济法纠纷在政府经济管理机关的规制与调控活动中即可得到解决,即经济法责任的追究可以通过政府经济管理机关的经济执法机制来加以落实,经济法纠纷的解决或经济法责任的追究在政府经济管理机关与司法机关之间实现了分流。以反垄断法实践为例,由于具有独立性、专业性和权威性的反垄断执法机关在一定范围内享有准司法权,因而其依法作出的行政裁决某种程度上具有类似于法院判决的效力,能够直接用以追究相关主体的经济法责任。另一方面,通过司法化的经济执法机制来追究经济法责任的做法可能更加符合经济法等现代法的本质特征。经济法领域所涉及的法律法规极为庞杂,其所调整的社会经济关系通常都呈现复杂化、立体化的特点,如果仅仅依赖法院的诉讼程序来进行救济则必然

[1] 参见焦海涛:《非诉程序与经济法司法化》,载《法治研究》2011 年第 5 期。

会使许多经济法纠纷得不到有效解决。比如,在垄断行为的查处过程中,就可能涉及市场支配地位的认定、经营者集中的认定等一些极为专业的问题,而这些专业问题的处理就必须由具备一定专门性、技术性的反垄断执法机构来处理,因为反垄断执法机构在解决上述有关问题并进而实施经济法责任追究方面显然要比司法机构更具专业优势。因此,在经济法等现代法领域,利用司法化的经济执法机制来解决经济法纠纷或追究经济法责任不仅是完全可行的、必要的,而且也应当将之作为经济法及经济法治在责任制度建设方面需要追求的目标。这同时也显示出,经济法上责任追究制度的设置旨在凸显对救济资源的合理利用,经济法中的救济途径和救济方式正朝着多元化或替代性的方向发展;从法律救济制度的合理性角度而言,依托法院机构而存在的诉讼程序在经济法领域并不占据绝对优势。正如有学者指出的,我国目前的经济法律救济制度在制度的设置、运行以及制定相关配套措施等方面存在严重向法律诉讼程序倾斜,而对其他救济制度的创制、应用及研究严重滞后的现象,这种认识及做法在经济法等现代法领域尤其需要转变。[1]

在经济法领域,作为非诉程序的经济执法机制代表着一种主要由政府经济管理机关参与的经济法纠纷解决或经济法责任追究方式,这种经济法责任追究方式在具体形式上不拘一格,规范程度有强有弱,但都对经济法的有效实施具有重要作用,且在一定程度上呈现逐步司法化的趋势。从当前经济法实施的实际情况来看,经济执法机关事实上享有一定的准立法权和准司法权,从而使经济法责任的追究在某种程度上可以通过经济执法机制的创新和转变来加以实现。此外,通过政府经济管理机关的经济执法机制来追究经济法责任的方式同样可能需

---

〔1〕 参见周林彬:《法律经济学论纲》,北京大学出版社 1998 年版,第 447 页。

要接受必要的司法审查,这使强化经济执法机制的司法监督变得极为重要。具体来说,运用司法化的经济执法机制来追究经济法责任,重点需要从以下两个方面入手进行推进。

其一,要实现经济执法机制的创新和转变。由于经济执法机制可以直接用以追究违法主体的经济法责任,因而必须以司法化的标准对其予以严格规制,从而实现经济执法机制的全面创新和科学转变。首先,在经济执法机制的创新方面,要大力提升经济法运行的实际效果,并着力避免因经济执法失败或经济法不当所可能导致的经济法责任承担。譬如,为确保经济法执法机制的公正性和合理性,经济法实践中可考虑借鉴委员会制、信息共享机制以及合理吸收功能监管之经验的主导监管思路等。再如,从防止经济执法权滥用的角度上讲,要切实加强对经济法执法权的有效监管,这主要包括:经济执法实践中应倡导建立不同主体、不同层次、不同维度的监督体系,形成对经济执法活动的全面监督和系统监督;要通过利用相关领域的立法解释及司法解释来限制经济执法机关对经济法规则的解释权,从而实现对经济执法权的双向监督和有效制约。其次,在经济执法机制的转变方面,要通过强化经济法执法的合意性及非对抗性特征来弱化经济执法机关在经济法责任追究中的强势地位,并助推在作为责任追究主体的经济执法机关与作为责任承担主体的市场主体之间形成一种动态的依赖性平衡。从目前的情况看,除了通过程序制度来规范和限制经济执法权的运作以外,经济执法实践中可重点考虑运用公告、奖励、劝导、和解等非剥夺性或协调性执法方式来弱化经济执法机关执法活动的单方意志性与强制性,提升经济法执法过程中市场主体的参与性。申言之,应当赋予市场主体在经济执法过程中以一定的参与权、请求权和对抗权,在必要时,甚至可以要求经济执法机关尊重市场主体的合理意愿,以双方合意代替经济执法机关的单方处罚。应当说,在增强经济执法活动之合意性和非对抗性的基础上推动经济执法机制的转变，不仅有助于提升经济法责任追究的公正性和合理性，而且对于消除或避免经济法纠纷发生后可能出现的对抗性，同样至关重要。

其二，要强化对经济执法机制的法律约束。这里的法律约束主要针对的是经济执法机关对违法市场主体作出的具有法律责任属性的一系列处罚措施，经济法领域比较常见的如罚款、责令停止违法行为、没收违法所得、吊销许可证和营业执照等。由于经济执法机制是经济法实施的一种重要模式，既关系到市场主体的个体权益，也关系到整个市场秩序的整体利益，因而经济执法机关的经济执法行为尤其是处罚行为也应当受到法律的约束，通过行政程序控制和司法程序保障来防止和避免经济执法机关滥用其经济干预权力。其中，行政程序控制主要体现为经济执法机关对相关行政程序法律制度的遵守。比如，在市场准入环节，经济执法机构需要遵循《行政许可法》的相关规定，在法定时间内作出决定。再如，在对市场环境和市场秩序进行必要的监督检查工作时，经济法执法机关则必须遵循《行政处罚法》等行政程序法律制度的相关规定，如果需要对特定市场主体采取强制措施或进行法律处罚即追究经济法责任的，就应当遵循《行政强制法》的有关规定以及《行政处罚法》明确的各类权限和具体程序。由此可见，在经济法执法机制运行及经济法实施过程中，相关的行政程序法律制度是与之相伴的重要程序法律制度。质言之，实体法和程序法在经济法领域是一个完整经济法律制度的两个方面，两者之间相互依赖、紧密关联。正如有学者指出，离开行政程序法，经济法的行政实施就必然缺乏程序保障；但离开经济法和其他实体法，行政程序法也就失去了其独立存在的意义。[1] "行政法更多的是程序和救济的法，而不是实体法。"[2] 因此，

---

〔1〕 参见薛克鹏：《经济法的实施模式及其创新》，载《天津法学》2019年第1期。

〔2〕 [美]伯纳德·施瓦茨：《行政法》，徐炳译，群众出版社1986年版。

强化对经济执法机制之法律约束的关键在于应当遵循行政程序法律制度的相关规定来追究违法主体的经济法责任。当然，如果在经济执法活动中对特定市场主体依法作出法律处罚，而特定市场主体对这一处罚有异议的，除了向上一级经济执法机关申诉外，还可以针对该处罚向法院提起诉讼。以现行法律尤其是行政程序法律为基础，借助行政程序控制和司法程序保障来强化对经济执法机制的法律约束，将有助于确保各类经济法责任的规范适用以及各种经济法制度的正确实施。

总之，司法化的经济执法机制在经济法实施中具有重要意义和作用，今后实践中应当持续促进经济执法机制在经济法纠纷解决或经济法责任追究中有益作用的发挥。在经济法领域，国家的经济干预权必然是由具备一定专门性、技术性的经济执法机关来具体行使的，它们在经济法责任追究方面具有显著的专业优势，特别是这些经济执法机关与市场和市场主体之间具有天然的联系，一般来讲更有利于经济法纠纷或经济法责任的发现和确定。如此一来，将必然有效缓解经济法案件处理的司法压力，实现经济法案件的分流，并促进建立一种多元化、非诉性的经济法责任追究程序或机制。

二、社团罚机制

以社会团体为代表的社会中间层组织因参与经济管理事务而获得经济法主体资格，社团惩罚权即社团罚作为社会中间层组织所享有的一项独特的公共行政权力，对于追究相关市场主体的经济法责任，具有重要意义。在经济法领域，社会中间层组织介于政府主体和市场主体之间，当政府的经济干预权转移以及需要应对日益兴起的社会公共经济事务时，社会中间层组织成为一个恰当的承接主体。为了在社会公共物品和服务的提供上与政府经济管理机关形成有效、协同的一致行动，社会中间层组织必须建构相应的惩罚机制，这种惩罚机制在经济法中(主要是在市场规制法领域)主要体现为社团罚。[1]

从经济法实践看,社团罚的具体措施多种多样,如警告、罚款、集体抵制、开除、内部通报等。从学理上说,社团罚的种类主要包括财产惩罚、资格惩罚、行为惩罚、名誉惩罚等四种。第一,财产惩罚。财产惩罚是社团组织对市场主体进行一定数量的金钱或财物或者限制和剥夺某种财产权的处罚。其中,罚款是实践中使用最广泛、最有效的财产处罚方式,其一般可适用于市场主体的各种违规行为。一般而言,财产惩罚对中小经营者具有较大的威慑力。第二,资格惩罚。资格惩罚主要是指限制或剥夺市场主体某些特定资格的处罚,典型的如开除、市场禁入等。开除是社团组织单方面剥夺其内部成员资格的处罚形式,由于涉嫌损害违规者的结社权,因而开除权的行使必须存在相当合理之理由,否则不能使用。市场禁入是一种比开除更为严厉的处罚措施,主要是指社团组织宣告市场主体不得在该行业或领域从事执业的处罚。不过,由于市场禁入直接限制了违规者的生活自由和工作自由,因而其适用的情形必须是极其严重的行为,并且该市场禁入决定要经受严格的司法审查。第三,行为惩罚。行为惩罚主要是指限制或剥夺市场主体某些特定行为能力的处罚,实践中比较常见的如集体抵制、限期整顿等。以集体抵制为例,它就是社团组织对市场主体常用的一种制裁措施,并且该措施主要在行业协会中使用得比较广泛。同样,由于集体抵制会对被抵制者的自由权造成严重限制,因此其适用范围极其有限,一般也只能针对那些对社会整体利益造成严重损害的市场主体。第四,名誉惩罚。名誉惩罚也称申诫罚或精神罚,是指社团组织对市场主体所采取的一种使其在组织内部或社会公众面前形象受损的处罚形式。具体来说,即社团组织通过对市场主体之名誉、荣誉、信誉等施加一定

---

[1] 关于社会团体等社会中间层组织之惩罚权的详细论述可参见张继恒:《非政府组织的行政主体地位研究》,法律出版社 2017 年版,第 107～110、132～136 页。

的影响，以便引起其精神的高度重视和警惕，使市场主体迫于压力而不再从事违规行为的处罚措施，如组织内部通报、新闻媒体曝光等。

经济法中社团罚机制的设置和运行体现了经济法责任追究方式的多样化和替代性特征，同时也表明了社会团体等社会中间层组织的非诉程序在追究经济法责任方面所具有的独特性和重要性。为了有效发挥社团罚机制对于追究经济法责任的意义和作用，经济法治实践需要从以下两个角度出发予以强化。

第一，完善社团组织的争议解决制度。作为一种内部救济制度，社团的争议解决制度是社团组织对其有关公共经济管理事务或成员内部事务而引发的纠纷予以仲裁裁决或调解的制度。社团惩罚机制的运行在很大程度上依赖于一个健全的社团争议解决制度，为了更好发挥社团组织参与经济干预活动并配合有关执法和司法部门追究违法行为人的经济法责任的积极功能，有必要进一步完善社团组织的争议解决制度。从根本上来说，社团组织享有的管理公共经济事务的权力尤其是惩罚权的行使通常都具有专业性、技术性、职业性等一系列特点，而争议解决制度这一内部救济制度则更具有这种优势，其对于确保社团惩罚机制的有效运行并进而实现对违法主体之经济法责任的追究，具有重要作用。在我国，社团组织争议解决制度的运行主要依赖仲裁和调解这两种方式。通过对经济法主体提供社团组织争议解决等民间性仲裁和调解方式，可以为不愿意寻求诉讼程序的当事人提供合理可行的替代性纠纷解决模式。在经济法领域，行业协会、消费者协会等社团组织内部的仲裁和调解通常是由具有相应专业背景和信息优势的人来进行裁决，这有利于经济法纠纷双方冲突的解决以及不同经济法主体之经济法责任的有效追究。因此，只有不断完善社团组织争议解决制度，社团惩罚机制在经济法上才能落到实处，经济法责任的追究由此也才可能真正落到实处。

第二,确立社团罚的司法审查制度。从法理上讲,司法程序不仅是对公民权利加以保护的最后一道屏障,而且对于有效监督经济管理主体的干预权滥用也具有重要意义。在经济法领域,社团组织行使社团惩罚权侵犯市场主体的合法权益时,市场主体可以依法提起诉讼,即当社团组织滥用社团惩罚权或不当行使经济干预权力而侵害市场主体合法权益时,需要接受必要的司法审查。具体来说,社团罚的司法审查制度应当将社团组织行使社团惩罚权的行为纳入法院诉讼的受案范围。将社团组织行使社团惩罚权的行为即依据相关法律法规或社团内部章程来追究特定市场主体之经济法责任的行为与具有诉讼属性的司法审查制度相联结,一个最主要的考虑在于经济法上的公法关系所引致的经济法纠纷对于司法诉讼模式的依赖。此外,我国社团组织发展的不成熟以及社团组织之自律、自治的功能不能为大多数人所信服也使这一司法诉讼模式依赖长期存在。从有效追究经济法责任的角度而言,具有诉讼属性的司法审查制度将致力于审查社团组织之社团罚机制在特定经济法案件中的正当性和合法性,它既确保了对社团组织在经济干预活动中的自治性和相对独立性的足够尊重,也实现了经济法责任追究之非诉程序与诉讼程序的有效衔接。在当下中国,以维护社会公共利益为中心的社团组织在经济干预活动中的重要性与日俱增,并逐步形成了一种在司法化的经济执法机制之外的特殊的社团惩罚机制,构成了经济法责任追究的一个重要途径。这种具有诉讼属性的司法审查制度不是社团组织自治权的过度干涉,而是现代经济法治国家保障市场主体权利并进而维护社会公平正义的应有之道。因此,在经济法责任的追究中,将社团组织的社团罚措施或机制纳入司法审查体系应无异议,只是在司法审查的原则、范围、标准以及审查的强度和深度、审查裁量中应予考虑的必要因素等方面,尚需学界做进一步的深入研究。

从理论上来说,社团组织行使社团惩罚权的依据可以是法律法规的直接规定,也可以由社团组织之内部规章的赋予。应当承认,这种社团惩罚权与一般的内部纪律处分有所不同,因为这种依据组织内部规章来制裁社会成员的权力得到了法律的明确认可。可以预见,社团组织享有的这种与社会成员之根本权利密切相关的社团惩罚权将在经济法责任追究中得到越来越广泛的使用,同时也将越来越多地引起人们的高度关注。在经济法领域,社团罚措施或机制在消费者权益纠纷、产品质量纠纷等经济法纠纷中体现得尤为明显。虽然社会团体适用非诉程序追究相关市场主体之经济法责任的"有限性"比较明显,但随着社会经济生活的不断发展,现代市场经济所带来的许多问题将越来越需要通过国家和个人以外的一些社会团体等社会中间层组织来予以解决,[1]社团组织及社团罚机制在经济法领域尤其是市场规制法领域所发挥的作用也必将越来越大。

第三节　经济法责任追究的诉讼程序机制

任何法律责任的追究都应当有相应的方法和程序,这包括协商程序、仲裁程序、行政程序和司法程序。其中的司法程序即诉讼程序历来被人们认为是追究责任的最终的法律程序。在经济法的理论研究和法治实践中,尽管人们对经济法责任追究之诉讼程序机制的具体建构问题仍存在诸多争议,但总体上看,主张建立一个相对独立的经济法诉讼程序的观点,已是经济法学界的普遍共识。当前,这一共识在部门法法典化思潮(以我国《民法典》的颁布和实施为标志)之影响下受到了越来越多理论研究者和实务工作者的认可,并在法治实践中主要表现为

[1] 参见甘强:《论经济法的社会实施:源流、特征及其模式》,载《江西财经大学学报》2018 年第 1 期。

在倡导推进经济法各层次立法工作的同时强调深入分析和探究与经济法立法活动密切关联的经济法之诉讼程序理论及机制。经济法各层次立法工作具体包括"全系统层次"的经济法基本法、[1]"规范群层次"的市场规制法和宏观调控法以及"亚部门法层次"的各种具体单行法,无论何种层次的经济法立法其实都会涉及诉讼程序理论及机制,经济法诉讼程序理论和机制的共识度对于经济法立法目标的实现尤为重要。[2] 因此,随着经济法的进一步发展,尤其是经济法基本法及其他各层次立法工作的进一步开展,如何建立一个特别的经济法诉讼程序机制以及如何适用这一诉讼程序机制来追究违法主体的经济法责任,已成为我国经济法学界一个无法回避的理论命题和现实命题。

为了建立上述有关经济法责任追究的诉讼程序机制,既有研究从不同角度作了很多有益的探讨,其中有关经济法的公益诉讼和特别诉讼问题,以及与这些诉讼程序问题相关联的司法审判机构的设置问题,向来备受经济法学者关注。应当说,这些讨论对于通过诉讼程序机制解决经济法责任的追究问题,并最终建立起一个与经济法相对应的独立的诉讼程序机制,具有一定的积极意义。

一、经济法上的公益诉讼和特别诉讼

从目前情况来看,由于建立一个与经济法相对应的独立的诉讼程序机制仍存在诸多无法克服的现实障碍,因而人们更多地将注意力集

---

[1] 近年来,随着我国《民法典》的制定和颁布,经济法学界对于制定统一的经济法基本法的讨论日渐升温。有关文献如程信和:《经济法通则立法专论》,濠江法律学社2019年版;薛克鹏:《法典化背景下的经济法体系构造——兼论经济法的法典化》,载《北方法学》2016年第5期;焦海涛:《经济法法典化:从"综合法"走向"整合法"》,载《学术界》2020年第6期;李玉虎:《民法典时代的经济法体系构造——兼论〈经济法通则〉的结构》,载《财经法学》2020年第2期;等等。

[2] 相关探讨可参见张守文:《经济法的立法统合:需要与可能》,载《现代法学》2016年第3期;张守文:《经济法的立法统合:前提与准备》,载《学术界》2020年第6期。

中在经济法上的公益诉讼和特别诉讼的构建方面，期冀解决经济法责任的可诉性问题。客观地讲，强化经济法上的公益诉讼和特别诉讼，是在新时代背景下讨论经济法责任之可诉性问题的现实选择，它可以作为推进经济法责任司法追究的一个重要路径。

1. 经济法上的公益诉讼

与各类主体的法律行为相联系，法律的实施是需要遵循一定程式的，而这些程式的展开需要有“程序”和相应的“程序法”。依据法律程序理论，程序和程序法不仅有助于确保主体的实体法权利的有效实现，而且还有助于实现程序的正义，在追求正当程序的同时，也实现一定的效率。[1] 从强化经济法责任追究的角度上说，在经济法治实践中需要特别强调公益诉讼程序的重要性。公益诉讼与经济法的社会本位理念和社会公共性特征密切相关，其基本内涵是：任何组织和个人都可以根据法律的授权，对侵犯社会整体利益的行为向法院提起诉讼。

从基础性法理的角度上讲，公益诉讼可以被视为一种主观诉讼与客观诉讼相融合的诉讼程序。由于公益诉讼一般并不针对直接侵害私人利益的具体违法行为，因而通常被作为以保护法律秩序和道德秩序为目的的客观诉讼来把握。[2] 但事实是，面对现代日益复杂的诉讼法律关系，严格地区分学理上的主观诉讼与客观诉讼，其实只是一种理想主义。比如，在与具体的违法行为有直接利害关系的消费者提起的个体诉讼中（如惩罚性赔偿之诉），即使该诉讼是为了保护特定当事人的实体性权利，但其同时也可能具有以维护社会公益为目的的客观诉讼的特征。美国在集团诉讼中依据“默示进入，明示退出”原则所实行的

---

〔1〕 参见季卫东：《法律程序的形式性与实质性——以对程序理论的批判和批判理论的程序化为线索》，载《北京大学学报（哲学社会科学版）》2006 年第 1 期。

〔2〕 参见［日］南博方：《行政法》，杨建顺译，中国人民大学出版社 2009 年版，第 178 页。

一人胜诉、众受害者也获赔的做法,就是这方面的典型例证。[1] 相反,如果法律允许任何组织和个人都可提起公益诉讼,那么围绕社会整体利益而产生的公益诉讼(纯粹型公益诉讼),实际上也可作为以保护特定当事人的实体权益为目的的主观诉讼来理解——因为公益诉讼中的获益部分仍然有可能会通过各种直接或间接的分配方式给特定的受害群体。

从目前的法治实践看,公益诉讼程序主要存在于一些与社会整体利益的保护直接相关的立法中。比如,德、法等国在反不正当竞争法、消费者保护法中所确立的"团体诉讼",以及美国有关反垄断的立法中所涉及的集体诉讼或公共诉讼等,就属于具有食品安全法意义的公益诉讼。此外,日本立法上的"民众诉讼"、英国行政法中规定的"检举人诉讼"等,[2] 也都可看作与公益诉讼有关的制度。在我国的现行法中,较为引人注目的消费公益诉讼和环境公益诉讼,是特定组织或个人发起相关的民事公益诉讼或行政公益诉讼的最为直接的法律依据。这些规定或制度的意义在于,它为我们客观地理解经济法上公益诉讼的基础性要素及价值,并进而在当前经济法治背景下讨论如何通过强化经济法上的公益诉讼的途径来追究经济法责任的问题,提供了一个重要的规范性视角。

目前,我国已经建立了以消费公益诉讼和环境公益诉讼为具体形式的民事公益诉讼和行政公益诉讼,但至今仍未建立经济法方面的公益诉讼。因此,要加快完善经济法上的公益诉讼程序机制,这样才有利于全面实现经济法责任的有效追究。对于经济法上的公益诉讼,还有

---

〔1〕 参见岳肖轩、黄劼:《一人胜诉 众受害者也获赔》,载和讯网,http://news.hexun.com/2014-12-31/171950619.html。

〔2〕 参见颜运秋、周晓明:《公益诉讼制度比较研究——兼论我国公益诉讼制度的建立》,载《法治研究》2011 年第 11 期。

很多问题值得研究。比如,经济法上的公益诉讼所涉及的“公益”,究竟是指什么?经济法上公益诉讼的原告应当由谁来担当更为妥切?基于诉讼时效的考虑,是否要对起诉主体的身份或资格进行某种区分或限定?如果同时涉及私益之诉,在司法程序上该如何处理?此外,关于起诉的对象、目的、条件以及经济法上的公益诉讼的具体种类等,也都是将来进行具体的理论构建时不应忽视的问题。我国法治实践中有关民事公益诉讼和行政公益诉讼的基本原理,为我们强化和完善经济法上的公益诉讼程序并进而开展更为有效的经济法责任追究,奠定了坚实的理论基础和现实基础。

应当指出,上文对经济法上公益诉讼的问题只是进行了一个简单且概括的分析,有关经济法上公益诉讼的具体问题以及其体系化建构问题等,事实上并未全面展开讨论。要深入、具体地开展对经济法上的公益诉讼问题的研究,更需要的是经济法学术共同体的持续推进和集体行动。在立法和司法层面,公益诉讼所涉及的法律领域是极为广泛的,在经济法领域强化公益诉讼的目的在于实现经济法责任的有效追究,因而其向来颇受经济法学者的关注。进一步讲,尽管公益诉讼不是经济法领域特有的诉讼程序机制,但构建经济法上的公益诉讼程序对于解决经济法责任的可诉性问题并进而推动经济法的有效实施,仍具有一定的积极意义。应当说,这在很大程度上与公益诉讼本身同经济法旨在维护社会整体利益或社会公共利益的价值目标的密切关联有关。可以预见,在新时代背景下,随着经济法及经济法治的发展,经济法方面的公益诉讼问题必将受到人们越来越多的关注和研究。当然,经济法上的公益诉讼问题仍需要同经济法责任理论问题等结合起来进行研究,这必然有助于全面地认识和理解经济法的实施及其可诉性问题,进而也可以在一个更为广阔的背景下来分析和讨论经济法责任的追究问题。

2. 经济法上的特别诉讼

在经济法领域构建适用于解决特定经济法纠纷的所谓经济公益诉讼在一定程度上是有意义的，但从根本上讲，经济公益诉讼尚无法成为一种与传统三大诉讼相并列的诉讼形式和机制，而只能是传统诉讼机制的一种辅助机制，目前已经实施的消费公益诉讼、环境公益诉讼即是例证。这是因为，公益诉讼对于落实经济法责任的追究是有益的，但公益诉讼并不为经济法领域所独享，并且它并不能全面解决经济法责任追究方面的各类问题。比如，经济法中的不正当竞争纠纷、垄断纠纷、消费者权益纠纷、财税和金融类纠纷等法律纠纷案件，既涉及当事人通过私益诉讼来追究违法主体之经济法责任的问题，也涉及有关主体借助公益诉讼并基于维护社会整体利益的目的来追究违法主体之经济法责任的问题；它不仅在具体的法律适用层面具有一定的特殊性，而且在起诉资格、起诉条件和举证责任分配等方面都有其特殊性，这些都要求我们探索建立经济法上的特别诉讼机制。[1] 鉴于此，应当结合作为现代法的经济法的特点，适时创设若干经济法的特别诉讼机制，以顺应国家经济干预活动中所产生的经济法纠纷以及追究违法主体之经济法责任的特殊性。

追究经济法责任的特别诉讼机制至今尚未在我国建立，但在国际上，与经济法领域有关的反垄断诉讼、消费者诉讼、纳税人诉讼等诉讼机制都表现出了单设或特设审判机构予以处理的趋势，它们为人们追究经济法责任奠定了制度基础。笔者认为，通过经济法上的特别诉讼机制来追究经济法责任并继而实现经济法的可诉性的做法，具有一定的合理性和现实可行性；进一步说，构建经济法上的特别诉讼机制不仅与现代经济法之特性和功能相吻合，而且也有利于从诉讼层面提高经

〔1〕 参见游钰：《论经济法的可诉性及其实现模式》，载漆多俊主编：《经济法论丛》（第7卷），法律出版社2003年版，第365页。

济法责任追究的效率,从而助推实现经济法的可诉性。

首先,作为独立部门法的经济法对于诉讼机制的构建往往有一些特别的要求,既有的诉讼机制包括公益诉讼机制在内实际上很难满足经济法责任追究对于诉讼机制的要求,尤其是当既有诉讼机制存在较大缺陷时,这种现象会更为凸显。这就为经济法之特别诉讼机制的建立奠定了现实基础。比如,经济法中的反垄断纠纷、消费者纠纷、税收纠纷等都难以通过我国既有的诉讼制度来加以全面解决,而只能通过确立相应的特别诉讼制度来明确其诉讼机制和程序。再如,经济干预主体如何能够对违反反垄断法的经营者提起相关诉讼,我国现有诉讼制度中也缺乏相应的诉讼程序规范。因此,需要通过建立一些经济法上的特别诉讼制度来适应现代经济法对于经济法责任理论及制度之发展的特殊要求。经济法上特别诉讼机制的构建仍然需要建立在传统诉讼制度之基础上,同时在原告资格、具体诉讼程序以及审判机构等方面作出不同于既有诉讼制度的规定。

其次,在经济法责任的追究方面,经济法的特别诉讼机制可以较好地利用既有诉讼制度的知识资源,从而大幅度提升诉讼效率。与许多学者主张构建的独立经济法诉讼机制相比,由于反垄断诉讼、消费者诉讼、纳税人诉讼等特别诉讼机制避免了因引入独立的经济法诉讼机制而带来的理论争议以及在诉讼实践中可能引发的混乱,因而在短期内不失为从诉讼层面追究经济法责任的一个现实选择。应当承认,从目前情况看,经济法的特别诉讼机制不仅能够大大节约司法成本,而且也将更有利于尽快实现经济法的可诉性。至于整体意义上的经济法独立诉讼机制之构建,则需要在经济法上的特别诉讼制度趋于完善和成熟之后再循序渐进地加以推进。

总之,如果仅仅通过传统诉讼机制以及既有公益诉讼机制来追究经济法责任,将无法符合现实社会的要求,也与经济法的特点和功能相悖。在经济法领域,为了保证社会整体利益的实现,经济法责任的追究在诉讼机制层面必然会呈现一种专业化、技术化的鲜明特色。这就展现出作为独立部门法的现代经济法在经济法责任理论及制度构建方面所带来的法律诉讼机制的变革,即经济法责任的追究方式不再局限于传统三大诉讼机制以及相关的公益诉讼机制,而更辅之以经济法特别诉讼机制的构建和革新。当然,经济法上特别诉讼机制的构建仍然有很多细节问题需要进一步讨论,比如诉讼主体资格的界定、举证责任的分配、与传统诉讼机制的关系等。所以说,本书对经济法特别诉讼机制的探讨意在抛砖引玉,有关经济法上的特别诉讼机制的具体建构,需要的是经济法学术共同体的一致努力。

二、经济法诉讼化与经济法的审判机构

通过诉讼方式追究经济法责任需要有相对应的司法审判机构,经济法审判机构的建立对于经济法实现诉讼化具有重要意义,这已为许多经济法学者所认同。在早期的经济法责任理论及经济法诉讼化问题的研究中,经济法院或经济法庭的设立问题曾一度受到高度关注,但随着经济审判庭的撤销,有关经济法审判机构的研究又渐趋衰落。因而,自 21 世纪以来,学界对于经济法审判机构的研究主要转向了法院体系或组织架构的改革、法院的受案范围以及公益诉讼等方面。直到近年来,在部门法法典化浪潮的推动下,经济法学界在倡导开展经济法法典化并主张对经济法进行统合立法的同时,又一次将经济法诉讼化、经济法的审判机构等问题推向理论研究的前沿。

经济法的诉讼化对于实现经济法责任的有效追究是极为重要的,而经济法诉讼化的真正实现则在一定程度上依赖于独立的、专门的经济法审判机构的确立。如前所述,在国际上,与经济法领域有关的反垄断诉讼、消费者诉讼、纳税人诉讼等都表现出了单设或特设审判机构予

以处理的趋势。此外，俄罗斯的经济法院，〔1〕德国的社会法院、财政法院、劳动法院等专门法院，〔2〕都不同程度地表明了经济法审判实现专门化、独立化的可能性和必要性。事实证明，与英美法系国家不同的是，大陆法系国家一般都以部门法为基础设立专门的法院或审判机构，即这些法院或审判机构均分别对应于不同部门法领域的法律责任追究。这就意味着，当法律体系扩张时，司法体制就应当进行相应的改革。在这方面，俄罗斯等国普遍设立的经济法院、德国施行的多元司法体制等，就是审判机构根据法律现象的变化适时进行调整和改革，以不断适应法律专业化的实施需求以及法律体系扩张的结果。在我国现行司法体制下，经济法责任的追究缺乏相应的司法审判机构，法院的机构设置中有房地产法庭、环境法庭等各种专门的法庭，却唯独没有经济法法庭或经济法领域的其他专门法庭，这对于人们通过诉讼方式追究经济法责任造成了诸多司法制度上的障碍。因此，要通过诉讼途径实现经济法责任的有效追究，就必须保证经济法审判机构的独立性和专业化。否则，经济法领域的垄断、不正当竞争、财税、金融等方面的纠纷将得不到真正意义上的司法处理，经济法责任的诉讼追究也难以真正落到实处。

从我国目前的经济法理论研究和法治实践中看，由于竞争法、财税法、金融法等具体制度领域的理论日趋成熟、实践案例也不断增多，因而以适用此类具体的经济法规范处理相关纠纷为目的，逐步设立与经济法部门相对应的司法审判机构来追究违法主体的经济法责任，应当是一个切实可行的思路。实践证明，如果没有独立的经济法审判机构，经济法责任的诉讼追究必将大打折扣。反之，如果在法院内部设立经济法审判庭或其他诸如反垄断法庭、消费者保护法庭、税法法庭等专门

---

〔1〕 参见张守文：《经济法院的经济法思考》，载《北京大学学报（哲学社会科学版）》2007年第5期。

〔2〕 参见张鹏飞：《简述德国的司法制度》，载《中国司法》2004年第2期。

法庭来负责经济法纠纷的解决,则会大大促进经济法责任的诉讼追究。经济法审判机构的设置事关经济法的可诉性及诉讼化,并会最终影响经济法责任在司法层面的有效落实。不过应当指出的是,我国当下法治实践中设立的房地产法庭、环境法庭、知识产权法院、网络法院等专门法院或法庭,实际上已经在一定程度上表明了人们对于以往的司法审判体制所存在的固有缺陷以及司法审判机构的设置必须适应法律体系的变化和法律专业化的实施这一需求的清醒认识。[1] 为此,从有效追究经济法责任的角度出发,经济法学界应当重视经济法司法理论的研究,尤其是其中涉及的经济法诉讼化与经济法审判机构的研究,着力强调以适用经济法的具体法律规范为前提,以设立相应的经济法审判机构为目的,提出若干切实可行的理论方案和实践模板,从而为今后我国经济法法典化或经济法统合立法工作的开展奠定基础。

我国经济法的理论研究和制度实践已经取得了显著发展,但唯独在经济法的司法理论研究及司法实践的改革方面是滞缓的,这造成了经济法责任之诉讼保障机制的严重滞后。正是基于这种考虑,笔者又对经济法诉讼化与经济法审判机构的相关问题进行了扩展研讨,就我国是否应当设立独立且专业的经济法审判机构的问题阐明了肯定立场,意在强调在经济法审判机构研究方面,应当关注国外尤其是大陆法系国家的经济法治实践,并同时注重观察我国经济法治实践的特点、经验和做法,这是在新时代背景下进行经济法责任理论研究必须注意的问题。至于经济法的审判机构具体应当如何建立、经济法审判机构与其他审判机构之间的关系如何协调等问题,尚需要经济法理论界及实务界在今后的经济理论研究和法治实践中进行更为深入且细致的研究和探索。本书限于研究主题,不再具体展开。

---

〔1〕 参见薛克鹏:《经济法司法实施困境及体制创新》,载《法学论坛》2017 年第 5 期。

第六章 结论与展望

第一节 结 论

经济法责任问题,是经济法基础理论研究中不易挖掘的领域。一直以来,我国经济法学者对经济法责任理论的探索似乎从未停歇,从早期主要倾向于在理论层面论证经济法责任之独立性等基础性命题到当下具体研讨经济法治实践中出现的产品召回、声誉罚等各种特定经济法责任形式,一系列围绕经济法责任问题的研究成果层出不穷。总体上看,既有研究对经济法责任理论的讨论主要停留于法教义学和社科法学的层面,而对经济法责任的基础性法理问题以及各种特定经济法责任形式所蕴含的法理要素挖掘不够,从而使经济法责任理论丧失了基础法理知识的支撑和映证。鉴于此,本书从部门法理学的基本立场和基本精神出发,首先,探讨了经济法责任理论研究中的几个基础性部门法理学命题,为经济法责任理论的创新研究提供了基本分析范式和框架。其次,笔者以"国家干预主体责任—国家干预受体责任"理论范式为基本路径,结合国内外关于经济法治实践的经验和做法,着力分析了实践中出现的若干特定经济法责任形式所蕴含的法理内涵和法理要素,同时对这些经济法责任形式的具体适用问题分别作了讨论。最后,作为经济法责任理论研究的一个延伸问题,笔者在经济执法和诉讼保障两个层面系统研究了经济法责任的追究问题。

通过以上论述,本书主要得出以下结论:

第一,部门法法理学是关于部门法之法理的系统化的研究。它所运用的理论和方法对于我们深入探究经济法责任的相关理论问题、各种具体责任形式的法理及其经济法适用、经济法责任的追究等,具有重要借鉴意义。

第二,立足部门法理学的基本立场,经济法责任理论研究需要实现从“责任—地位”向“地位—责任”的理念转变,以“主体—责任”理论范式为基本分析路径,在“国家干预主体责任—国家干预受体责任”二元结构框架内展开相关问题的讨论。这构成了在部门法理学语境下开展经济法责任理论研究的逻辑前提、基本路径和具体模式。

第三,经济法中国家干预主体责任的具体形式在立法层面较为少见,多呈现为一种替代责任,即国家或政府的工作人员替代国家或政府本身来承担经济法责任。经济法理论和实务中较为常见的政府经济失误赔偿和问责制是国家干预主体责任的代表性责任形式。政府经济失误赔偿不同于现行立法中的行政赔偿或司法赔偿,其一般应限定在市场规制法领域,但也不排除对国家或政府因宏观调控权之行使而造成的对特定社会公众的损害予以赔偿的可能。问责制是一种超越“违法责任”的高级管理机制,它是作为国家干预主体的政府及经济管理部门践行责权利统一原则的重要表现。

第四,经济法中国家干预受体责任的具体形式在理论和实践中较为多见,其中尤以超额赔偿和产品召回这种两种责任形式之适用最为普遍。超额赔偿责任的功能主要在于激励私人执法和填补社会整体利益的损害,虽然其同时也具有惩罚与威慑的目的,但总体上看,超额赔偿责任之经济法适用仍须以不造成对违法经营者的过度或不当惩罚为基本原则。作为一种预防性法律责任的产品召回责任,不仅强调作为责任主体的经营者需要通过采取一定的措施和手段来预防损害的发生和扩大,而且也强调作为社会整体利益之代表者的政府及政府相关部门依托自身优势而主动进行的参与和监管。

第五,要深入研究经济法责任的追究机制,就必须立足经济法的一般法理和特殊法理,并结合经济法实施及经济法发展的特点来发现经济法程序机制和特殊性。从经济法制度构成的内在自足性以及经济法制度运行的行政主导性来看,经济法责任的落实往往对非诉程序有着比诉讼程序更为强烈的依赖。在诉讼程序方面,经济法责任的追究应不再局限于传统三大诉讼机制以及相关的公益诉讼机制,而更应辅之以经济法特别诉讼机制的构建和革新,并同时建立相应的经济法审判机构。

第二节　展　望

新时代背景下,部门法理学范式以及部门法法典化思潮的兴起为现代经济法及经济法学的发展注入了新的活力,但作为经济法基础理论研究之重要组成部分的经济法责任理论研究仍在一定程度上受制于传统的“责任—地位”范式,经济法责任理论及制度在经济法治实践中面临着“既有体系框架内法理缺失”的难题。从部门法理学的立场出发,结合经济法法典化或经济法统合立法的现实要求,对经济法责任问题从基础性命题、责任类型、责任适用、责任追究等方面进行深入的法理化或学理化研究,必将成为未来经济法责任理论研究的一个前沿课题。同时,经济法责任的法理化或学理化研究,对于促进经济法法典化或经济法统合立法工作的展开,也将具有重要的理论意义和现实意义。

就本书的研究而言,笔者主要还是侧重于理论叙述,尤其是对经济法责任理论研究中几个基础性部门法理学命题的分析以及对若干特定经济法责任形式之法理和具体适用问题的探讨,都清晰地表达了笔者一以贯之的哲学或法哲学立场。从总体上看,经济法责任的法理化研究依然任重而道远,尚有许多问题有待于经济法学术共同体作进一步的探索,这里择其要者简要讨论如下:

第一,关于经济法责任之类型化的问题。经济法责任的类型化是经济法责任理论研究中的难点问题,对于实现经济法的有效追究,至为关键。本书所强调的"国家干预主体责任—国家干预受体责任"二元结构框架是否为一种可行的类型化路径,仍可以进一步讨论。此外,笔者对于国家干预主体责任和国家干预受体责任的具体形式的提炼和归纳或不够全面,由此展开的对特定经济法责任形式之法理和适用问题的探讨也局限于少量的代表性责任形式方面,更为系统和全面的讨论仍有待于经济法学界的集体努力。

第二,关于经济法责任的诉讼追究问题。这是经济法责任理论研究的一个延伸问题,同时也是本书的落脚点。鉴于本人学术水平有限,对此问题的论述基本上未取得实质性突破,今后研究需要进一步探索。特别是关于经济法专有诉讼和经济法审判机构的问题,未来研究应予重点关注。

后　记

笔者对于经济法责任问题的关注始于大学本科时期的经济法课堂，课程学习所使用的杨紫烜教授主编的《经济法学》以及我自己购买的史际春、邓峰两位教授所著的《经济法总论》，是我大学本科期间学习经济法责任理论及其他相关经济法理论的两本主要文献。在硕士阶段，我坚持将《经济法责任问题研究》作为自己的毕业论文题目，并在攻读硕士研究生期间进行相关学术准备直到论文最终通过答辩。参加工作以后，我对经济法责任理论的关注和研究一直未曾间断，我自己第一篇公开发表的真正意义上的学术论文就是《经济法责任理论及其思维转向》。此后，我陆续发表的其他学术论文，包括我的博士学位论文，也都或多或少涉及经济法责任方面的问题。

决定在博士后阶段就经济法责任这一较为“难啃”的基础理论问题进行部门法理学层面的系统研究，除了回应新时代背景下的法理研究、部门法理学研究以及经济法法典化或经济法统合性立法研究的原因以外，还在某种程度上与我自本科求学以来对该问题的研究兴趣有关，或许也与我在学术上不撞南墙不回头的“固执”有关。我的博士后合作导师许明月教授尊重和理解了我的选择，并在报告写作过程中给了我许多启发和帮助。

两年前，我暂停了其他的研究工作，专门开始了出站报告的写作，消化资料、拟订框架、撰写初稿直至报告最终成型。尽管报告并未达到自己先前所设想的水平，更谈不上实现理论上的实质性突破，但经过两年时间的集中学习和思考，我对经济法责任理论这一问题还是有了更为清晰和深刻的认识，特别是对今后开展新时代经济法责任理论的创新研究贡献了自己的一点智慧，这在一定程度上也算是有所安慰吧！

本书是在我的博士后出站报告基础上经大量修改后最终完成的。在本书即将出版之际，首先要感谢我的博士后合作导师、著名法学家许明月教授，他的言传身教所赋予本人的思考和研究方法，是本书得以完成的重要基础。感谢我的师母江燕老师，她对我的科研工作和生活提供了诸多指导和帮助。还要感谢昔日的同窗好友、今日的同事陈永福博士，他在本书的框架拟定方面，提出了很多中肯的建议。为本书的出版，法律出版社的徐菲老师付出了艰辛的劳动，在此一并致以谢意！

张继恒

2023 年 2 月